KB203068

청소년 마음 들여다보기

변화와 고통의 터널

신수정 지음

아이들의 치료와 성장을 돕는 법

표지 그림 설명

나무는 이미 어른의 몸으로 자란 청소년이다.
하지만 이들 내면은 어둡고 깜깜한 밤처럼
힘들다며 아우성치고 있다.
청소년기는 터널을 통과하는 것과 같다.
변화와 고통의 터널을 잘 통과하고 나면
어느새 멋진 성인이 되어 반짝반짝 빛날 것이다.
그러니 우리는 조금만 더 기다려 주어야 한다.

변화와 성장,

그리고 아픔이 함께하는

청소년기는

병든 시기가 아니라

하나님이 마련해 두신

아름다운 때입니다.

아이들의 치료와 성장을 돕는 법

청소년 마음 들여다보기

변화와 고통의 터널

신수정 지음

고신언론사

이 책을 읽으며 진정성과 따뜻함으로 매시간 채워주셨던 교수님의 강의가 떠올랐습니다. 제자들을 향한 사랑과 기도의 마음으로 지도해주셨던 그 모습이, 청소년들과의 만남에서도 고스란히 담겨 있음을 느낄 수 있었습니다. 교수님께서는 존재를 얼마나 귀하고 소중하게 여기시는지, 글을 읽는 내내 마음의 울림과 감동을 받았습니다. 이 책은 성장과 변화의 시기를 지나고 있는 청소년기 아이들과 그들을 이해하려고 애쓰는 부모들에게 구체적이고 실질적인 도움이 될 것입니다.

- 존경과 사랑을 담아 제자 정희옥

흔히 혼란과 갈등으로 여겨지는 시기를 성장과 회복의 과정으로 바라보는 따뜻한 시선이 깊이 와닿았습니다. 특히, 하나님께서 모든 시기를 아름답게 만드셨다는 메시지는 청소년기와 중년기를 겪는 이들에게 큰 위로와 용기를 줄 것입니다. 단순한 이론을 넘어 삶의 지혜와 위로를 담아내며, 읽는 내내 변화 속에서 피어나는 희망을 느낄 수 있었습니다.

- 백연화

불안하고 예민하게 보였던 청소년들을 따뜻한 시선과 마음으로 바라볼 수 있도록 만들어주는 따스한 햇살 같은 책. 자녀를 키우는 엄마, 상담학을 공부하는 학생, 그리고 청소년을 만나는 교육자에게… 실제적으로, 학문적으로, 교육적으로 청소년들의 마음을 배우고 느낄 수 있는 다채로운 책입니다. 책의 저자는 상담을 통해 청소년들을 위로하며 또 책을 통해 부모를 위로합니다. "당신은 충분히 좋은 엄마"라고….

- 푸른아우성 전문강사 송진영

저자이신 신수정 교수님의 청소년에 대한 따뜻한 관심과 강단에서 학생들에게 전하는 진솔함과 열정이 이 책 안에 고스란히 녹아있습니다. 책 속에 눈물이 핑도는 가슴 뭉클한 내용들은 청소년을 돌보는 이들의 마음을 깊이 울립니다. 90년대에 태어난 세 명의 자녀를 둔 엄마로서 청소년기 시절을 잘 양육하지 못한 것에 대한 미안한 마음이 컸었는데, 이 책을 통해 '충분히 좋은 엄마'였다는 위로가 있었습니다. 부모로서 자녀와 갈등할 때, 한 챕터씩 읽어보며 자녀의 마음을 이해하고 마음을 가다듬는데 큰 도움이 될 것입니다.

- 남정애

제가 만난 교수님은 인생을 여행에 비유해주셨습니다. 제게는 설레는 여행으로 인생을 바라볼 수 있는 안목이 생겼었죠. 애착은 타인을 통해 가치를 찾는 것이 아니라 스스로 자신을 사랑할 수 있도록 그 관점을 돌리는 애정어린 치료가 필요하다는 책 속 내용에 공감합니다. 우리 인생 속 다양한 변화는 피할 대상이 아니라 받아들이고 누려야 할 대상임을, 엄마의 긍휼로 아이들의 치료와 성장을 돕는 방법을 이 책을 통해 배울 수 있었습니다.

- 신은경

살아보면 안다. 느닷없는 태풍으로 얼마나 자주 마음이 무너지는지. 특히 청소년 자녀의 마음에는 거친 파도가 쉼 없이 몰려온다. 부모로서 내 문제도 차고 넘치는데 어쩌란 말인가? 여기 그 파도를 아름답게 바라보고 도리어 생명력으로 변화시키는 실제적이고 구체적인 길잡이가 있다. 자신과 자녀는 물론 파도를 고요하게 하시는 하나님을 알아가게 하는 환한 빛이다.

- 강민주

글을 읽는 내내 발달심리학 수업시간에 가르쳐주신 내용들이 생각났습니다. 책속에서도 교수님의 다정한 음성이 들리는 것 같았습니다. 찔림이 있고, 감동도 받으며, 나도 아이를 양육하는 엄마로서 '따뜻한 엄마가 되고 싶다.'는 소망을 계속 되새기게 됩니다.

- 박은실

책 속의 섬세하고 마음으로 다가가는 문장에서 교수님의 청소년과 그들 부모에 대한 깊은 이해와 애정이 느껴졌습니다. 저도 자녀를 양육하며 다양한 감정 속에 헤매곤 했었는데, 여전히 많은 기회가 내 자녀와 나에게 있다는 것을 깨달을 수 있었습니다. 부모와 자녀가 서로 사랑 안에서 신뢰의 온도, 인내의 온도, 진심의 온도를 높여주는 책입니다.

- 고성희

교수님의 발달심리학 수업을 들으면서 각 발달단계마다 성취해야 할 과업이 있고, 그 안에 다루어져야 할 과정들이 있다는 것을 배웠었는데, 이 책을 읽으며 그 중요성을 다시 한번 깨닫게 됐습니다. 불안정 애착으로 '결핍'이 생기지만 하나님의 끝없는 긍휼로 인해 그 결핍은 더 이상 결핍이 아님을 고백하는 글이라서 저도 덩달아 감사하게 됐습니다. 이 책을 읽으며 하나님의 긍휼과 은혜가 결국 결핍이라는 애착의 구멍도 채워주신다는 것을 저도 함께 고백하게 됩니다.

　아들의 닫힌 방문을 보며 막막했던 지난날, 속을 알 수 없는 아이와 어떻게 소통해야 하는지, 그 시기가 얼마나 걸릴지 몰라 애태웠던 날들이 저에게 있었습니다. 이 책은 그런 저에게 따뜻하고 섬세한 해답을 주는 책입니다. 교수님의 책은 사춘기 자녀를 둔 부모에게, 그리고 다가올 자녀의 사춘기를 두려워하는 부모들에게 제가 꼭 선물해 주고 싶은 책입니다.

‑ 이교윤

Contents

Part 4. 갑자기 엄습하는 강렬한 불안

Part 5. 성격장애

Part 6. 현악기의 줄을 고르다

Part 7. 청소년 뇌의 비밀 그리고 중독된 뇌

Part 8. 고통을 견디기 위한 잘못된 방법

Part 9. 혼자된다는 공포

Part 10. 충분히 좋은 엄마

Part 11. 당연한 것은 없습니다. 감사한 거지!

인생은 변화의 과정이다

우리 각자는 어떤 부분은 다른 모든 사람과 비슷하게, 어떤 부분은 대부분의 사람들과 비슷하게, 그리고 어떤 부분은 다른 사람들과 전혀 다르게 발달합니다. 우리는 대략 한 살에 걷고, 아동기가 되면 뛰어놀 줄 알며, 청소년이 되면 더 독립적인 인간이 됩니다. 이것은 누구나 경험하는 발달의 보편적 과정인 것이죠. 하지만 한 사람을 이해하려면 그 사람의 독특한 경험을 이해해야 하듯 한 개인의 성격을 형성하는 독특한 발달과정을 아는 것은 그 사람을 이해하는 데 매우 중요한 부분입니다.

인간은 태어나서 죽을 때까지 발달하는데 사실 그 발달은 변화의 연속이라 할 수 있죠. 신체발달을 예로 든다면 인간은 자라면서 점차 성장해 가지만 어느 시기가 되면 몸이 노화되고 쇠퇴합니다. 또 마음의 발달을 살펴보면 미성숙에서 출발해 성숙해지는 과정을 거치고, 지능발달도 시간이 갈수록 점점 유능해지지만 어느 시점이 되면 계산능력이나 지적능력이 점차 퇴화되고 맙니다. 성격은 어린 시절부터 서서히 발전해 성인이 되면서 굳어지는 현상인데, 대체로 일관적이고 지속적인 행동의 경향성을 띱니다. 하지만 성격이 형성되는 세밀한 과정은 다양한 경험의 연속에서 이루어지는 것이죠. 이런 점에서 우리의 인생발달은 한 단계에 머물러 있는 것이 아니라 계속되는 변화의 연속이며 경험의 과정이라 할 수 있습니다. 인생을 잘 산다는 것은 아마도 인생 곳곳에 놓인 수많은 변화를 잘 받아들이고 잘 적응하는 일일 것입니다. 그래서 발달심리학자들은 인간발달을 성장에만 초점을 두지 않고, 수정되는 순간부터 죽음에 이르기까지 전 생애에 걸쳐 일어나는 '모든 변화의 과정'이라고 정의합니다.

인간의 전 생애 발달과정은 몇 단계로 나누어볼 수 있습니다. 아동기를 시작으로 청소년기, 청년기, 중년기, 노년기로 나눌 수 있는데, 우리 인생을 이렇게 몇 개의 시기로 구분하는 이유는 각시기마다 독특한 특성이 있고 해당 시기엔 반드시 해결해야 할 과제가 있기 때문입니다. 이 단계별 과제들을 잘 수행하면 이후의 발달에 긍정적인 영향을 미치게 되고, 만약 잘 수행하지 못하면 이후에 부정적인 영향을 미치게 된다는 것입니다. 그러므로 우리가 당면하는 각각의 발달과정이 어느 한 시기보다 더 중요하거나 덜 중요한 것이 아니라, 저마다 모두 의미 있고 중요한 '아름다운 시기'라는 것을 꼭 알아야 합니다. 발달에 대한 이런 개념을 우선 정립하는 것이 우리가 앞으로 맞닥뜨릴 인생을 더 잘 살아가기 위해 매우 중요한 자세입니다.

발달단계 중 가장 불안정한 시기라 하면 먼저 청소년기를 꼽습니다. 청소년을 그저 축소된 성인으로 보았던 과거도 있었지만, 선진들이 오래 경험하고 연구해 본 결과 청소년기는 매우 독특하고 불안정한 시기라는 것을 알게 됐기 때문이죠. 단순하게 훈육의 대상이거나 성인과 동일한 노동력으로 취급하던 시행착오가 있었지만, 현재 대부분의 사람들은 청소년기를 독립된 인격체로 생각해 독특한 청소년기를 이해해보려 노력합니다. 갈등과 혼란의 격변기라는 뜻으로 이 시기를 질풍노도기라 불렀고, 제2의 탄생이라는 새로운 의미를 부여해 지금까지도 청소년을 이해하는 대표 개념으로 자리잡고 있습니다.

근래에는 청소년들을 '중2병'이라 하거나 '시한폭탄' 혹은 '럭비공'이라 부르며 언제 터질지, 또 어디로 튈지 몰라 매우 난감한 존재라고 설명합니다. 그런데 이들을 '나쁜 병'으로 비유하는 것은 마치 빨리 치료되어야 하고 빨리 지나가야 할 나쁜 시기라는 인상을 갖게 합니다. 사실 이런 용어는 청소년을 잘 이해해보고자 붙여진 말인데, 어찌 된 영문인지 그들을 더 오해하게 만드는 찝찝함만 남기고 있죠.

청소년기 외에 또 다른 불안정한 시기를 고른다면 바로 중년기입니다. 중년기도 사춘기처럼 힘들다고 해서 혹자는 오춘기 혹은 사추기라고도 하는데, 이 시기는 청년기와 노년기 사이에 놓인 과도기로 적응상 어려움이 있을 뿐 아니라 성호르몬이 급감하는 현상과 정서적 과몰입 상태 등으로 많은 사람들이 불안정한 심리상태를 호소합니다. 그래서 중년기에 발생하는 여러 문제에 노출될 때 이들이 속한 가정을 '위기의 가족'이라 부르는 것입니다.

사춘기 자녀들의 변화무쌍한 정서와 행동을 부모들은 왜 그토록 힘들어할까요? 자녀가 청소년이 되면 부모와 왜 그리 자주 다투게 될까요? 그것은 부모들도 급변하는 정서와 행동으로 고달픈 중년기를 보내고 있기 때문입니다. 청소년과 중년이 만난 우리의 힘든 가족들을 행복한 가족으로 바꾸고 싶다면 가장 먼저 불안정한 서로의 심리상태를 이해해야 합니다. 변화와 고통의 터널을 함께 통과해야 하는 이 시기는 서로의 변화를 이해하고 상처를 완충할 수 있는 포근한 마음속 소파가 필요합니다.

이 책은 '청소년 마음 들여다보기'라는 시리즈 글 중 일부를 엮어 편찬했습니다. 청소년기에 대한 명확한 이해를 바탕으로 그들이 경험하는 세밀하고 강력한 정서와 행동을, 부모와 교사는 어떻게 바라보고 다루며 기다리고 도와주어야 하는지 독자들도 함께 고민해 보는 의미 있는 시간이 되길 바랍니다. 우리의 인생 속 다양한 변화는 피할 대상이 아니라 받아들이고 누려야 할 대상임을 함께 알아갑시다.
우리 인생은 변화의 연속이니까요.

2024년 추워지는 가을 동백동에서
신수정 교수

책 속에 등장하는 사람들의 이름은 가명이며 상담내용은
주요한 청소년문제를 중심으로 가상의 상황을 반영하여 작성한 글입니다.

청소년들은 외로움, 불안, 우울, 죄책감,

수치심, 분노, 공포 등의 부정정서를 자주 경험하는

불안정한 시기를 보내고 있어요.

이즈음 부모들은 지나온 자기 삶을 돌아보며

깊은 침체에 빠질 수 있는 중년기를 보내게 되죠.

청소년기, 그리고 중년기…

이들이 함께하는 시간은 서로에게 상처 주는

위기의 가족을 만들 수 있습니다.

Part 1.
위기의 가족

엄마 때문에 짜증나요!

,,

지연(가명)이는 중학교에 갓 입학한 또롱또롱한 눈망울을 가진 소녀였습니다. 중학생이 되면서 부쩍 짜증이 많아진 지연이는 사소한 일에도 엄마와 충돌했습니다. "이젠 진짜 엄마하고는 대화조차 안 돼!"라며 만날 때마다 소리치기 일쑤였죠. 게다가 이상한 증상이 생겼습니다. 스트레스를 받기라도 하면 갑자기 팔다리가 뻣뻣하게 굳는 경직증상이 나타났고, 밤마다 잠을 잘 수 없는 불면증에 시달리며 괴로워했습니다.

지연이는 엄마에게 불만이 정말 많았습니다. 엄마는 공부하라고 강요만 할 뿐 딸의 고통은 돌아보지도 않는다며 분노했고, 반면 어머니께서는 지금까지 최선을 다해 자녀를 위해 살아왔는데 자기를 나쁜 엄마로 몰아가는 딸 때문에 화가 치민다고 하셨습니다. 만날 때마다 이렇게 다투게 된 모녀 사이는 시간이 갈수록 갈등의 골이 점점 더 깊어졌습니다.

여러분 가정은 어떠신가요? 청소년기 특히 사춘기 자녀를 둔 부모라면 아마 이 모녀 이야기에 무척 공감하실 겁니다. 우리와 같은 공간 같은 시대를 함께 살아가고 있는 청소년들, 그리고 자녀를 키우느라 애쓰고 있는 부모들, 이들은 저마다 비슷한 고통을 호소하며 안타까워하는 심정으로 상담실 문을 두드립니다.

지연이는 마음이 혼란스러워 내면이 아우성치고 있는 청소년입니다. 그리고 지연이 어머니는 지금까지 살아온 삶이 기대만큼 만족스럽지 못했고, 마냥 내편인 것 같았던 딸마저 엄마 맘을 몰라주니 인생의 회환을 느끼고 있는 중년입니다. 불안한 청소년 그리고 더 불안한 중년, 이들이 함께하는 공간은 마치 언제 터질지 모르는 폭탄을 안고 있는 것처럼 일촉즉발의 충돌이 예상되는 전쟁터라 할 수 있습니다. 그렇기에 청소년 자녀와 중년기 엄마가 만나는 이 시기의 가족이야말로 바로 '위기의 가족'인 것이죠. 그저 사랑스럽기만 하던 아들과 딸이 어느덧 자라 청소년이 됐을 때, 그때의 가정은 언제든지 위기의 순간에 놓일 수 있음을 기억해야 합니다.

상담실을 찾는 많은 청소년들은 저마다 내적 갈등과 심적 혼란으로 고통을 호소합니다. 부모님들 또한 갑자기 달라진 자녀와 사투를 벌이며 깊은 한숨을 내쉬곤 합니다.

중학생 지연이는 그동안 친구 때문에 힘들었던 이야기를 쏟아냈고, 학교에서 공개적으로 망신당한 일이 기억에서 지워지지 않는다며 복잡한 생각과 아픈 마음에 많은 눈물을 흘렸습니다. 그리고 일방적으로 지적하고 강요만 하는 엄마 때문에 답답해서 미쳐버릴 것 같다며 집에만 들어서면 표정이 굳어진다고 했습니다.

그동안 딸이 혼자 끙끙 앓으며 힘들어했던 이야기를 들은 어머니는 그제서야 딸의 행동에 슬픈 사연이 숨어 있다는 것을 알고 속 깊은 눈물을 흘리셨습니다. "우리 딸이 잘못된 게 아니었네요. 이상한 게 아니라, 제대로 잘 크고 있는 거였네요."라며 안심된다고 하셨습니다. 그동안 딸을 비난하는 데 집중했던 에너지를 이제 자기 마음을 돌보는 것으로 바꿀 수 있게 된 거죠. 어느새 2학년이 된 지연이는 달라진 엄마를 떠올리며 예전과는 다른 말을 전해주었습니다. "우리 엄마는요. 이 세상에서 나를 가장 잘 이해해주는 사람이에요."

하나님은 우리에게 범사에 기한이 있고 천하만사에 다 때가 있다고 말씀하셨습니다. 울 때가 있으면 웃을 때가 있고, 슬퍼할 때가 있지만 춤출 때가 있으며, 또 지켜야 할 때가 있다면 그것을 버려야 할 때가 있다고 하셨습니다. 궁극적으로는 하나님께서 이 모든 것을 지으셨고, 때를 따라 아름답게 하셨다고 말씀하셨죠.

인간이 성장하면서 반드시 맞닥뜨려야 하는 때인 청소년기는 매우 독특한 시기입니다. 이 독특함을 빼놓고서는 청소년들을 도무지 이해할 수가 없습니다. 사춘기 자녀를 둔 부모들은 그저 살얼음판 같은 이 시기를 조용히 지나가려 하거나 빨리 치료해야 할 나쁜 병으로 치부해버리는데, 이런 반응은 청소년기를 '나쁜 때'라고 오해하기 때문입니다.

저는 그런 부모님들께 강조하며 이야기합니다. 청소년기는 없는 것처럼 지나가야 하거나 빨리 치료해야 할 나쁜 병이 아니라, 하나님이 주신 '아름다운 선물'이라는 것을요. 말 잘 듣고 그저 순수했던 아기, 떼쓰고 자기밖에 모르던 어린아이가 아기모습 그대로 어른이 된다면, 그건 괴물이 되는 것입니다.

우리 자녀가 건강한 어른이 되기 위해 하나님이 특별히 마련해 두신 '아름다운 때'가 바로 청소년기입니다. 모든 것을 지으신 하나님께서 때를 따라 이 청소년기를 아름답게 만드셨음을 알아야 합니다. 깜깜한 터널 같은 청소년기를 통과해야 건강한 성인으로 성장할 수 있는 거죠. 우리 부모들은 독특한 이 청소년기를 오히려 치료와 성장의 관점으로 바라보아야 합니다.

엄마의 불안

"

한 초등학교 교사가 있었습니다. 그녀는 반 아이들에게 따뜻한 선생님이 되어주기 위해 무척 노력하는 분이셨습니다. 동료들 사이에서는 늘 배려하고 양보하는 이타적인 모습 때문에 항상 '천사 같은 선생님'으로 불리는 모범 교사였습니다. 그런데 이상하게 집에만 들어서면 그 사정이 달라졌습니다. 고등학생 1학년인 딸과 만날 때마다 서로 다투게 되는데, 선생님은 딸 때문에 속상해서 혼자 가슴을 치며 통곡하는 일이 한두 번이 아니었다고 합니다.

딸이 예의 없는 행동을 하거나 핸드폰을 오래 사용한다든지 약속했던 규칙을 제대로 지키지 않으면 선생님은 화가 치밀어 견딜 수가 없었습니다. 못마땅한 딸 때문에 생기는 화는 마치 무언가를 잡고 마구 흔들어대거나 물건이 부서질 만큼 강하게 내려치지 않으면 풀리지 않을 정도로 높은 수준의 분노 감정이었습니다.

우리는 종종 자신의 감정을 깊이 들여다보아야 합니다. 매번 비슷한 상황에서 부정적인 감정이 생기거나 그 강도가 지나치다면, 자신을 괴롭히는 정서를 찬찬히 살펴볼 필요가 있습니다. '내 안에 있는 이 감정은 대체 무엇일까?', '나는 왜 이토록 화가 치미는 걸까?', '내 맘속 저 깊은 곳에 또 다른 감정이 숨어 있는 건 아닐까?', '내가 정말로 원하는 건 대체 뭘까?'

이 천사 같은 선생님이 표현하는 분노 안에는 여러 다른 감정들이 숨어있었습니다. 그 감정을 탐색하는 과정에서 선생님은 자신의 어린 시절을 기억해내었습니다. 선생님의 어릴 적 꿈은 훌륭한 음악가가 되는 거였다고 합니다. 피아니스트였던 친정엄마가 헌신적으로 밀어주셨기에 엄마를 위해서라도 보란 듯이 멋진 음악가가 되고 싶었습니다. 그런데 안타깝게도 많은 시간을 투자하고 열심히 노력했지만, 아이의 음악 실력은 좀처럼 늘지 않았습니다. 유치원 때부터 고등학생까지 오직 이 한 길만을 고집하며 달려왔는데, 결국 음악으로 대학에 들어갈 수 없는 수준임을 깨닫고 그 꿈을 포기해야 했습니다.

한순간에 물거품이 되어버린 꿈! 오랫동안 매진해왔던 방향을 잃어버린 상실감! 능력이 없어서 실패했다는 열등감! 꿈을 잃은 고등학생 소녀의 슬픔을 떠올리며 성인이 된 이 착한 선생님은 정말 절절한 눈물을 흘렸습니다.

그런데 정작 자신을 괴롭혔던 것은 이런 감정과는 또 다른 감정이었습니다. 자신을 가장 힘들게 한 것이 꿈을 잃은 슬픔이 아니었다는 겁니다. 음악을 포기해야 하는 상처를 보듬기도 버거웠지만, 그동안 뒷바라지해준 엄마의 기대에 부응하지 못했다는 죄책감이 자신을 너무나 괴롭혔던 것이지요.

오롯이 딸에게 몰두하며 헌신했던 엄마에게 미안했던 소녀는 그 후부터 매사에 엄마 눈치만 살피는 소심한 아이로 변해갔습니다. 언제 어디서나 게으름 피우지 않았고, 열심히 공부하는 모습을 보이려 했으며, 혼자서 집안 정리도 척척 해내고, 늘 예의 바르게 행동하며, 어느 것 하나 흠잡을 데 없이 완벽한 모습을 보이기 위해 필사적으로 노력했습니다. 엄마의 어두운 표정과 냉정하리만큼 딱딱한 말투는 소녀를 항상 불안하게 만들었습니다. 늘 불안을 안고 살았던 소녀는 엄마로부터 인정받기 위해 열심히 노력하는 사람으로 성장했던 것이지요.

선생님은 자신의 딸이 흐트러지는 모습을 보면 과거에 실패했던 자기 모습이 떠올라 불안에 휩싸였습니다. 그리고 그 불안은 조절되지 않는 강력한 화로 촉발됐습니다. 사실, 이 분노 감정은 꿈을 이루지 못한 과거의 슬픔이었고, 무능력하고 모자라 보이는 수치심의 표현이었으며, 결국은 엄마로부터 인정받고 사랑받고 싶은 간절함이었음을 알 수 있었습니다.

자녀는 엄마의 감정에 매우 민감합니다. 어떤 심리학자는 '아이들은 엄마의 감정을 꼭꼭 씹어 먹으며 자란다.'고 말할 정도니까요. 저는 부모교육의 기회가 주어질 때마다 빠뜨리지 않고 강조하는 말이 있습니다. "엄마가 불안하면 아이는 몇 곱절 더 불안합니다." 그래서 "무엇보다 엄마의 불안을 먼저 다루어야 합니다." "성장기 자녀는 안정감 속에서 자라는 것이 너무나 중요합니다. 만약 불안이 만성화된다면 다양한 부작용을 초래하거든요."

인생을 살다가 느닷없이 발생하는 부정적 생활사건들은 우리 힘으로 어찌할 수 없을지라도, 그 속에서 아이들이 느낄 수 있는 높은 불안에 초점을 맞춰 안심시켜 주는 것은 부모가 결코 간과하지 말아야 할 중요한 과업입니다. 불안해하는 아이들에게 따뜻함과 온화함으로 다가갈 때 우리 자녀들은 위기 상황에서도 견뎌낼 힘을 얻습니다. 엄마 마음이 편안하면 아이들 마음도 평화로워질 수 있거든요. 엄마가 경험하는 스트레스의 파장은 아이들에게 고스란히 전달됩니다.

어머니들이여! 자신의 불안을 먼저 돌보십시오. 그리고 끊을 수 없는 하나님 사랑에 의지해보십시오. 그러면 평강의 하나님께서 가장 따뜻하고 가장 온화한 손길로 어머니의 불안을 직접 다루어주실 것입니다.

아이는 엄마를 통해 자기를 경험합니다

"

"선생님 우리 딸 좀 도와주세요! 친구들한테 죽어버릴 거라고 말했대요. 지금 학교도 안가고 며칠을 누워만 있는데, 혹시라도 무슨 일이 생길까봐 너무 불안합니다."

50대로 보이는 한 어머니가 거친 숨을 몰아쉬며 말씀하셨습니다. 현지(가명)가 그동안 잘 다니던 학교에 갑자기 가지 않겠다더니, 그날부터 집에만 틀어박힌 게 벌써 한 달째라는 겁니다. 엄마는 왜 그러는지 이유를 캐물었지만 평상시 엄마와 사이가 좋지 않았던 터라 현지는 아무런 대답도 들려주지 않았습니다. 오히려 엄마가 다가올 때마다 소리를 지르고 물건을 집어 던지며, 엄마는 아예 접근조차 못하도록 차단해버렸습니다. 매일 누워있는 딸을 보면서 참다못한 어머니는 결국 딸을 끌고 정신과 병원과 상담센터를 잇따라 방문하게 됐습니다.

현지는 우울하고 무기력할 것이라는 예상과는 달리 꽤 당차고 활발한 아이였습니다. 처음 만났을 때는 자신은 아무 문제가 없다며 상담을 거부하는 태도였지만, 회기가 지날수록 차츰 마음을 열기 시작했고 그동안 숨겨왔던 이야기들을 들려주었습니다.

현지는 학교에서 선생님과 친구를 만날 때면 언제나 밝고 활기찬 모습만 보여준다고 합니다. 만약 조금이라도 친구들과 불편해지거나 누군가에게 불만이 생기면, 그 감정을 철저히 숨기고 마치 아무렇지도 않은 것처럼 함구해버렸습니다. 타인들 앞에선 언제나 밝고 쿨한 모습만 보여주려 애썼던 것이지요.

그런데 집에서의 행동은 완전히 달랐습니다. 종일 화났던 일을 떠올리며 혼자 소리 지르거나 대성통곡하면서 울기도 하고, 화가 더 치밀면 책상을 내리치다가 급기야 자기 몸을 때리면서 자해하는 난동을 부리기도 했으니까요. 딸의 이런 모습에 놀란 엄마가 무슨 일이냐며 묻기라도 하면 아이는 더욱 폭력적으로 변하고, 엄마를 냉정하게 밀쳐버렸습니다.

그러던 중 단짝처럼 지냈던 친구와 사소한 오해가 생겼고 현지는 늘 그랬듯이 그냥 쿨하게 지나갔습니다. 하지만 사실상 속마음은 죽고 싶을 만큼 괴로웠기에 학교에 가고 싶지 않았고, 마음의 고통을 친구들에게 알려 관심 좀 받으려는 생각에 "나 죽을 거야."라는 문자를 연달아 보냈던 겁니다. 사실 현지의 진심은 친구와 멀어지는 게 두려웠던 거였죠.

현지가 그동안 속마음을 숨겨왔던 이유는 쓸모없고 보잘것없는 자기 실체가 드러나면, 친구들과 선생님이 자기를 싫어할까봐 두려웠기 때문이라고 했습니다. 자신을 자연스럽게 드러내지 못하다보니 주변 사람들과는 늘 피상적인 관계에 머무를 수밖에 없었을 겁니다.

그동안 전전긍긍하며 불안해했을 현지의 아픈 마음이 저에게도 고스란히 전달되는 것 같았습니다. 그리고 엄마의 관심을 그렇게까지 거부하는 이유에 대해서는 엄마의 사랑이 간절했던 어릴 때는 관심조차 주지 않던 엄마가 갑자기 자기에게 집착하는 모습을 보니 너무 화가 나서 일부러 상처주고 싶은 마음에 거부하는 거라고 했습니다.

현지의 진짜 마음은 사람들이 자기를 떠날까봐 두려워하는 불안감이었고, 현지의 진짜 문제는 자신의 가치와 능력을 나쁘게 평가하는 자존감의 문제였습니다. 자신은 다른 사람의 사랑을 받을만한 가치가 없다고 생각하는 것이었죠. 자기를 신뢰하지 못하는 낮은 자존감은 어린 시절부터 경험해온 부모와 자녀 관계에서 비롯됩니다. 엄마의 따뜻한 보살핌이 지속적으로 결핍됐을 때, 아이는 엄마에 대한 불신감이 생기고 그 불신감은 고스란히 낮은 자존감으로 이어지고 맙니다.

대인관계가 그토록 불안하고 두려웠던 이유는 '애착 문제'에서 그 원인을 찾을 수 있었습니다. 현지가 태어났을 즈음 어머니는 폭력적인 남편을 견디다 못해 이혼을 결심한 상태였고, 4살 된 아들이 한쪽

눈을 실명하면서 여러 병원을 쫓아다녀야 하는 힘든 상황이었습니다. 그리고 이혼한 후에는 신세를 한탄하며 깊은 우울감에 빠지고 말았죠. 어머니는 갓 태어난 현지를 돌볼 여건도 아니었고, 돌보고 싶은 마음도 없었다고 합니다. 현지는 그저 친척 집에 방치되거나 가끔 만나는 엄마에게서도 욕구가 결핍된 채 자라야 했습니다.

"아이는 엄마를 통해 자기를 경험합니다." 엄마의 따뜻하고 세심한 보살핌은 아이에게 "나는 사랑받을만한 가치가 있는 존재야!"라는 것을 느끼게 하죠. 반대로 부모로부터 거부당하고 지속적으로 미움받았던 아이는 "나는 나쁜 아이야! 사랑받을만한 사람이 아니야!"라고 생각하게 됩니다.

부모님의 보살핌은 앞으로 아이들이 맞닥뜨리게 될 세상을 어떻게 이해하는지에 대해서도 영향을 줍니다. 아이들은 엄마를 통해 자기를 느끼고, 엄마를 통해 세상을 경험하게 되니까요.

내 안에 있는 엄마

,,

민철이(가명)는 온 가족을 힘들게 하는 가해자로 취급받았습니다. 말로 상처 주는 것은 기본이고 끈질긴 변명과 자기 입장만 펼치는 일방적 논리로 다른 가족들에게 아픔을 주었기 때문입니다. 그래서 가족들은 민철이만 없으면 가정에 평화가 찾아올거라 생각했습니다. 어릴 때부터 형(민철)에게 일방적으로 당한 동생이 늘 안쓰러웠던 엄마는 무조건 동생을 감싸주었습니다. 민철이가 중학생이 되면서부터는 아빠와 다투는 일이 잦았는데, 아빠의 입장이 더 이해됐던 엄마는 민철이보다 늘 아빠 편이 되어 아들을 가해자로 내몰았습니다. 가족 중 어느누구도 민철이 편은 없었던 거지요.

아무도 알아주지 않는 민철이 마음. 이 아이의 마음은 어땠을까요? 민철이는 갈수록 더 큰 목소리를 냈습니다. 억울한 표정을 지으며 자기주장을 더 강하게 펼쳤습니다. 부모와 자녀 사이에 벌어지는 사소한 대화는 늘 의견충돌로 이어졌고, 그 의견충돌은 대부분 사사건건 따지는 격렬한 토론의 장으로 이어지고 말았죠. 민철이는 자신이 바르다는 것을 인정받기 위해 더 강력한 논리와 포효하는 목소리, 억울해하는 표정, 가족과 담쌓기 등 자신이 할 수 있는 모든 것을 동원해 자기주장이 맞다는 것을 밝혀 상대를 굴복시키기 위해 노력했습니다.

마치 친구와 싸우는 것처럼 서로의 잘잘못만 따지는 부모-자녀 사이가 있다면 그 관계는 얼마나 위태로울까요? 부모는 자신의 권위에 도전하는 자녀에게 분노하고, 자녀는 합당치 못한 부모의 행동과 태도에 늘 상처받으며 억울해할 것입니다. 하나님은 자녀에게 부모에 대한 순종을 말씀하셨고, 부모에게는 자녀를 노엽게 하지 말라고 가르치셨지만, 우리의 삶은 성경 속 가르침과는 정반대의 상황이 곧잘 펼쳐지곤 합니다.

민철이 어머니는 아들이 자기 입장만 내세우는 이기적인 사람이 되지 않길 바라며 아들이 잘못할 때마다 사사건건 지적하는 일이 많았다고 합니다. 민철이가 억울하게 당했던 상황에도 상대방의 입장을 좀 이해하라고 가르쳤고, 민철이가 작은 실수를 하기라도 하면 잘못을 정확하게 지적해 철저한 사과를 받아냈으며, 민철이가 억울하다고 따지면 잘못을 인정할 수밖에 없는 수천수만 가지의 이유를 찾아내서라도 용서를 구할 때까지 굴복시켰습니다.

이렇게 한 엄마의 의도는 아들이 세상을 보다 넓은 관점에서 이해하고 통찰할 수 있는 멋진 사람으로 성장하길 바랐기 때문이었죠. 그러나 엄마의 이런 마음과는 달리 매사에 인정받지 못하고 공감받지 못했던 민철이는 자신의 억울함을 풀기 위해 고군분투하며 수단과 방법을 가리지 않고 투쟁하는 사람으로 성장해 갔습니다. 이런 태도는 자라면서 더욱 강화됐고 상대방이 수긍할 때까지 인정사정 보지 않고 설득하고 비방하며 다그치는 양상으로 체득화 되어버린 것입니다.

매사에 억울했던 민철이는 이제 부모에 대한 억울함을 넘어 깊은 분노감으로 가족과는 담을 쌓고 지냅니다. 가족에 대한 억울한 감정이 쌓여 그 감정이 분노로 폭발해버린 거였죠. 민철이는 동생을 괴롭히는 형, 아빠를 괴롭히는 나쁜 아들로 내몰려 집에선 언제나 가해자로 취급당했기에 자기 자신은 자기 스스로가 지켜야 했습니다. 3대 1로 싸워야 하니 홀로 자신을 변호해야 했지요. 늘 지적당하던 민철이는 이제 부모를 지적하는 아들이 됐고, 끝까지 사과를 요구하는 아들로 변했습니다. 부모와 아들은 서로의 잘잘못을 가리기 위해 냉정하게 따지면서 상대편이 굴복할 때까지 전투를 벌입니다.

수용받지 못했던 아들의 상처를 알게 된 어머니는 자신도 인정받지 못했던 딸이라며 과거의 엄마 모습을 떠올렸습니다. 민철이 안에 엄마의 모습이 그리고 엄마의 상처 속에는 또 다른 과거의 엄마가 숨어있었던 거죠. 우리는 다 '내 안에 엄마'가 있습니다.

화목은 경계를 무너뜨리는 것이 아닙니다

,,

한 청년이 상담실을 찾아왔습니다. 그 청년은 부모로부터 받은 상처를 생각하면 잠을 잘 수도 없고, 그저 눈물만 흐를 뿐이라고 했습니다. 그 고통의 강도는 자기 몸을 불살라 버리고 싶을 만큼 죽는 것보다 더 큰 아픔이라고 했습니다.

그녀의 경험을 가만히 들여다보니 남자친구를 부모님께 소개하는 과정에서 큰 어려움이 있었다는 것을 알 수 있었습니다. 딸의 남자친구가 탐탁지 않았던 엄마는 딸로부터 어떤 얘기도 들으려 하지 않은 채 교제를 단호히 거절했습니다. 그리고 둘 사이를 떼어놓기 위해 딸과 서로 대치하는 상태가 되어버렸죠. 그렇게 착했던 딸이 이번에는 쉽사리 물러서지 않자, 엄마는 급기야 칼을 들고 딸을 위협했습니다. "니가 죽든지 내가 죽든지 하자." "엄마 죽는 꼴 보고 싶은 거구나!"

눈물만 흘리는 딸을 보고 더욱 격앙된 어머니는 칼로 벽을 여러 번 치더니 방문 중앙을 칼로 내리꽂았습니다.

그야말로 아수라장이 된 공포의 현장이었죠. 그때의 일이 상처가 되어 지옥같은 나날을 보내던 청년은 결국 남자친구와 헤어졌고, 이별의 슬픔과 마음의 상처로 깊은 절망에 빠지고 말았습니다. 사랑하는 사람과 이별하는 것도 큰 상처였지만, 이성을 상실한 부모님의 모습을 지켜보면서 그동안 부모로부터 받았던 상처와 고통의 순간들이 떠올라 미워하는 감정이 격노하는 마음으로 변해버렸습니다.

청년은 방을 드나들 때마다 선명하게 찍힌 칼자국을 보며 매일 밤 자신의 마음속에 칼자국을 새겨야 했습니다. 아무 예고 없이 벌컥벌컥 문을 열고 들어와 어느새 큰소리치고 있는 아빠, 묻지도 따지지도 않고 일방적으로 따라야 했던 엄마의 수많은 요구들, 냉랭하고 강압적인 분위기 속에서 그저 착하디착한 딸로 자라야 했던 자신의 성장기를 돌아보며 통곡하는 청년의 모습은 옆에서 지켜보는 나도 힘겨울 정도였습니다.

부모로부터 따뜻함을 느끼지 못했고 편안함이나 자유로움도 경험하지 못했으며 그 어떤 응원과 지지도 받지 못했던 과거의 시간들은, 지금-여기를 살아가는 청년의 마음을 더욱 아프게 만들었습니다.

여러분에게 가족은 어떤 의미입니까? 수많은 가족 중 과연 어떤 모습이 화목한 가정일까요? 그리고 건강한 부모-자녀 관계는 어떤 관계일까요? 우리는 누구나 화목한 가정을 꿈꾸며 결혼하고, 건강한 가정을 기대하며 살아가지만, 현실 속 가족은 바라는 만큼 건강하지도 화목하지도 못한 것 같습니다. 어떤 이들에겐 가족이 사랑의 보금자리이지만, 또 어떤 이들에게는 무서운 지옥이고 답답한 감옥이며 무거운 굴레입니다. 정말이지 가족은 너무나 다른 두 개의 얼굴을 동시에 지닌 복잡한 결정체인 것 같습니다.

가족치료학자들은 건강한 가정을 평가할 때 눈에 보이지 않는 경계선이 중요하다고 합니다. 이 경계선은 가족 구성원들 사이를 보호해주는 울타리 역할을 하는데, 이는 마치 눈에 보이지 않는 담장과 같은 것이죠. 만약 담장이 너무 높으면 넘기 어려울 것이고, 너무 낮으면 너무 쉽게 넘나들 수 있을 겁니다. 가족들 사이에 담장이 너무 높은 울타리는 '경직된 경계선'으로 부모와 자녀 사이가 경직되어 있고 외부와의 접촉도 어려운 '유리된 가족'입니다. 그리고 가족들 간 담장이 너무 낮은 울타리는 '희미한 경계선'으로 부모 자녀 사이가 밀착되어 있고 외부와의 접촉도 허용되지 않는 매우 '불안한 가족'이라 할 수 있습니다.

이처럼 지나치게 권위적이거나 지나치게 허용적인 부모의 태도는 자녀에게 많은 상처를 남기기 쉽습니다. 하지만 경직되지도 희미하지도 않은 경계선, 즉 가족 간의 '명확한 경계선'은 가족들이 서로 결집하기도 하고 때론 쉽게 넘나들 수 있도록 자유도 허용하는 가장 '바람직한 경계선'입니다. 가족들 간에 서로의 응집성과 자율성이 조화를 이루는 것이지요.

여러분, 당신의 가족이 서로 화목하길 바라십니까? 건강한 부모와 자녀 사이가 되길 바라십니까? 그렇다면 가족들 사이에 명확한 경계선을 그으시길 바랍니다. 진정한 화목은 경계를 너무 높이 쌓는 것도 아니지만, 그 경계를 무너뜨리는 것도 아님을 기억하시기 바랍니다.

비난보다는 진심을 표현하세요!

,,

엄마/아빠하고는 말이 안 통한다는 아이들, 아들/딸이 말을 안 들어서 화가 치민다는 부모들, 이들 사이의 갈등은 서로 접점을 찾기 어려워 갈수록 심각해지기도 하고 어떤 이들은 서로 담을 쌓은 채 남남처럼 지내기도 합니다.

사랑과 헌신을 바탕으로 가장 가까워야 할 부모자녀 관계가 오히려 서로 비수를 꽂으며 상처 주는 안타까운 모습으로 변해가는 거지요. 가족은 마치 두 얼굴을 지닌 것처럼 서로 한없이 사랑하지만 한없이 미워하고, 매우 친밀하지만 미묘한 갈등 속에서 서로에게 상처를 남깁니다.

고등학생 승철(가명)이는 어릴 적부터 아버지에게 비난받아왔던 상처를 고스란히 간직하고 있었습니다. 언젠가는 복수하겠다고 훗날을 다짐하며 버텨왔다고 합니다. 이제 고등학생이 된 승철이는 점점 힘이 세지고 말의 논리도 강해지면서 아버지를 대항하기 시작했습니다. 언제부턴가 부자관계가 언쟁을 벌이는 사이가 돼버린 겁니다. 각자 자기 입장만 주장하다가 한편이 백기를 들 때까지 치열한 다툼으로 이어졌습니다. 이들 부자의 끝나지 않는 갈등은 서로에게 씻을 수 없는 상처만 남길 뿐이었죠.

민지(가명)라는 아이는 부모님이 이혼하신 후 아빠와 단둘이 살았습니다. 아이를 키우기로 마음먹었다면 양육에 최선을 다해야 했을텐데, 민지 아빠는 그렇지 못했습니다. 그저 딸을 방치하는 나쁜 아빠였지요. 늦은 밤까지 돌아오지 않는 아빠를 기다리며 홀로 남겨진 아이는 깜깜한 방에서 겁에 질려 울다가 혼자 잠들었던 날이 하루 이틀이 아니었습니다. 민지는 엄마와 살고 싶었지만 아빠는 그 부탁도 들어주지 않았습니다.

어느 날 아빠가 재혼하게 되면서 민지는 그토록 바라던 엄마와 살수 있게 됐습니다. 그런데 천국일 것만 같았던 엄마와의 삶이 천국은 커녕 오히려 지옥이 돼버렸다고 합니다. 왜냐하면 민지는 자신을 떠났던 엄마에 대한 상처를 분노로 표현했고, 엄마도 점점 포학해지는 딸을 더 이상 참아낼 수 없었기 때문입니다. 공감받지 못한 민지는 엄마도 아빠도 모두 자기를 버렸다고 생각했습니다.

부모와 자녀 사이 갈등문제를 해결하기 위해서는 서로의 진심을 보아야 합니다. 서로 내뱉는 비난 속에 가려진 사랑의 진심을 드러내야 한다는 것이죠. 아이들이 게임을 많이 하거나 거짓말을 할 때 혹은 실수하거나 잘못을 저질렀을 때, 부모들은 쉽사리 자녀를 비난합니다. "너 왜 거짓말했니?" "게임하지 말랬지?" "어디 감히 대들어!" "넌 왜 맨날 엄마를 힘들게 하니!"라며 큰소리칩니다.

청소년 자녀들은 자기의 마음속 진심을 전혀 다른 모습으로 위장하는 경우가 많습니다. 누구보다 엄마를 사랑하고 누구보다 엄마를 이해하면서도 겉으로는 화를 내고, 진짜 마음과는 다른 상처 주는 말을 내뱉어버립니다. 하지만 이들의 내면에는 드러나는 것과 너무나 다른 진심이 숨겨져 있습니다.

부모는 자녀를 너무 사랑해서 '혹시라도 내 아이가 잘못되는 건 아닐까.' 걱정하는 마음이 진심인 것이고, 자녀는 부모님의 사랑을 고마워하는 마음이 진심이거든요. 엄마들은 사랑하는 진심을 비난하는 말로, 자녀들은 감사하는 진심을 분노로 표현했던 거지요. 이런 잘못된 소통방법은 서로에게 상처만 남길 뿐입니다.

이젠! 서로 진심을 표현해야 합니다. 진짜 사랑하는 마음과 진짜 걱정하는 마음을 그대로 드러내야 합니다. 용기내어 진심을 이야기할 때, 서로 갈라지고 깨어진 관계가 회복될 수 있습니다. 비난보다 진심을 표현하세요!

이제는 나를 돌아보아야 할 때…

"내 삶에 아무런 의미가 없어요. 지금까지 살아온 모든 삶이 거짓인 것 같아요."

"남편한테는 배신감을 느껴요."

"말 안 듣는 자식 때문에 이젠 내가 미칠 지경이에요."

상담실에서 만난 많은 중년여성들은 저마다 다양한 이유로 고통스러워했습니다. 자녀 때문에 힘들고 성격 안 맞는 배우자 때문에 지치고, 고치려 해도 잘 바뀌지 않는 자기 모습에 실망하며 자책하는 중년여성들. 이들은 엄마이자 아내이고, 딸이자 며느리로 살아가면서 때론 모든 것을 내려놓고 싶어했습니다.

인간은 태어나서 죽을 때까지 전 생애를 걸쳐 발달해가는데 전 생애 발달과정은 몇 개의 시기로 구분할 수 있습니다. 어린이에서 성인으로 변화하는 청소년기를 인생의 중요한 과도기라 한다면, 노년을 앞둔 중년기도 젊은이와 늙은이 사이에 끼인 또 하나의 중요한 과도기입니다. 노년을 코앞에 둔 중년의 사람들도 청소년들처럼 불안하고 갈등하며 고뇌에 찬 시기를 보내게 된답니다. 더 이상 젊지 않은 것 같아 아쉽고 후배에게 뒤처지는 것 같아 두려우며 살아온 삶이 그리 만족스럽지 못해 매 순간 한계를 느끼는 시기입니다.

심리학자들은 중년기에 느끼는 감정을 적개심, 절망, 침체감, 불행감, 무력감, 방황, 피해의식, 덫에 걸린 듯한 고통 등 매우 구체적으로 열거하고 있습니다. 중년기의 사람들이 경험하는 이런 감정들은 지금까지 살아온 삶을 평가하며 '과연 이대로 살아야 할지' 위기의식에 빠져들기 때문입니다. 특히, 중년여성들은 자녀에 대한 기대가 절망으로 바뀌거나 늘 곁에 있던 아이들이 어느새 집을 떠날 때 삶의 공허함을 느끼고, 그동안 참아왔던 결혼생활을 불평하며 극심한 스트레스를 경험합니다.

이런 현상은 영적 고통으로도 찾아올 수 있습니다. 아무리 기도하고 예배드려도 주님이 듣지 않으시는 것 같고, 날 돌봐주시지 않는 것 같으며, 마치 숨어계시는 것 같은 답답함을 느낄 때 영적으로도 어두운 밤을 보내게 되는 것이지요.

나에게 성큼 다가온 이토록 힘겨운 중년기를 우리는 어떻게 보내야 할까요? 신체적으로 정서적으로, 그리고 영적으로 절망에 빠진 고통의 순간을 우리는 어떻게 받아들여야 할까요?

중년기를 인생에서 가장 중요한 시기로 주목했던 심리학자 융(Cal Gustav Jung)은 이 시기에 경험하는 고통에 큰 의미를 부여했습니다. 그는 중년기에 맞닥뜨리는 정신적 고통이야말로 '진짜 자기'를 만날 수 있는 첫 관문이라고 했습니다. 인생의 후반기에 찾아오는 고통과 상실을 통해 자신의 내면에 귀를 기울이고 '진짜 자신'이 원하는 삶을 찾게 된다는 것이지요.

상담실에서 만난 많은 어머니들은 대부분 중년의 고통을 안고 있는 여성들이었습니다. 자녀가 가진 문제행동 때문에 걱정하고, 자녀를 잃게될까봐 두려워하며, 또 자녀의 미래가 잘못될까봐 전전긍긍하는 어머니들…

위태로운 아이들을 상담하다가도 더 위태로워 보이는 어머니들을 만나야 했습니다. "아이들을 사랑과 관심으로 대하되 지나친 간섭은 지양하세요." "어머니 마음이 편해야 아이들 마음도 편안해진답니다." "엄마가 불안하면 아이들은 얼마나 불안한지 몰라요." "청소년 자녀를 잘 키우고 싶다면 먼저 자신을 돌보십시오. 자기 돌보기를 가장 먼저 해야 합니다."

중년기에 고통을 만났을 때 그 고통을 주는 당사자와 소리높여 싸우기보다, 자기 내면의 목소리에 귀 기울이시기 바랍니다. 잘 포장된 가면 속에 숨겨져 있는 '진짜 자기'의 모습을 찾기 바랍니다. 내가 바랬던 삶은 어떤 모습인지. 내 인생에서 가장 중요한 의미는 무엇인지.

스스로 질문하며 가장 나다운 모습을 찾는 기회를 가져보세요.

　　나를 힘들게 하는 상황에 초점을 두기보다 내 삶을 이끄시는 주님을 느끼고, 주님이 바라는 나의 삶을 기대해야 할 때입니다. 하나님은 숨어계시는 것 같았지만 보이지 않는 곳에서 늘 일하고 계셨고 나를 위한 계획된 침묵을 실천하고 계셨음을 발견하게 되실 겁니다. 문제를 묵상하지 말고 자기의 참된 모습을 찾는 중년의 여행이 되기를….

급격한 신체발달은 아이들 마음을 불안정하게 해요.

그리고 똑똑해진 머리는 논리적 사고를 가능하게 하지만

자기 생각에 몰입되어 불안감을 증폭시키지요.

그래서 청소년들은 힘들 때 더 슬프다고 느끼고,

고통을 더 깊이 느끼며,

아픔을 깊은 상처로 받아들인답니다.

몸은 이미 멋진 어른처럼 자랐지만,

아이들 내면은 죽을 듯이 소리치며 괴로워하고 있어요.

청소년들 마음속,

보이지 않는 그들의 외침에 귀 기울여 주세요!

Part 2.
청소년들의 외침

청소년들의 외침 1

"우리 딸이 방 안에 틀어박혀서 밤마다 울어요." "갑자기 너무 슬퍼하고 괴로워하는데… 혹시 우리 애가 심각한 우울증일까요?" "몇 시간 동안 힘없이 침대에 누워만 있는 애를 보면 이젠 무서워서 제 심장이 다 덜커덩거려요."

혼자서 무기력한 모습으로 있거나 방문을 걸어 잠그고 힘들어하는 자녀를 보는 엄마의 마음은 어떨까요? '무슨 일이 있나' 하며 걱정하다가도 자녀의 행동이 답답해서 소리 지르고, 우리 아이가 혹시 TV에서 보던 '은둔형 외톨이'가 된 건 아닌지 걱정하며 가슴을 쓸어내리곤 합니다. 이런 증상이 일시적인 현상이라면 그냥 툴툴 털어버릴 수 있지만, 만약 장기화될 것 같은 조짐이 보이면 부모의 불안은 더욱 가속화됩니다.

청소년기 아이들은 내적으로 외적으로 서로 다른 양면성을 가지고 있습니다. 겉으로는 마치 비를 맞은 대나무가 쭉쭉 잘 자라나듯 성장과 성숙이라는 긍정의 이미지가 있지만 내면으로는 불안, 공포, 슬픔같이 마치 어두운 구멍으로 파고 들어가는 부정적 이미지를 동시에 지니고 있습니다.

아동이 어른이 되기 위해 정서적, 육체적, 지적, 그리고 사회적, 심리적, 영적 등 다방면으로 변화를 이루어 성장하고 성숙되어 간다는 긍정적인 측면이 있다는 것이지요. 그런데 이런 발달적 특징이 아이들을 정서적으로 무척 불안정하게 만드는 요인이기도 합니다.

사춘기가 되면 성호르몬 분비가 급증하는데 이 성호르몬의 분비는 지나친 자기주장이나 과격한 감정표현에 영향을 미치는 것으로 알려져 있습니다. 남성 호르몬인 테스토스테론의 증가는 공격성을 유발하고 여성 호르몬인 에스트로겐과 프로게스테론의 증가는 우울감을 일으킨다는 연구결과도 있지요. 그리고 급격한 뇌 성장은 합리적이고 논리적인 사고로 발전하기 전까진 자기중심적 사고와 이상주의, 흑백논리을 일으키는 요인이 되기도 합니다.

그뿐 아니라 청소년 아이들은 자기 정서에 대한 인식수준이 높아져서 정서가 깊어지는 특징이 있습니다. 그래서 슬픔을 더 큰 슬픔으로 느끼고 우울함을 더 깊은 우울감으로 느끼며 작은 상처를 큰 고통으로 느끼게 되죠.

이렇듯 청소년기는 신체적으로는 성장하는 긍정적 시기지만, 심리적으로는 아직 미성숙하고 불안정해서, 외적 모습과 내적 정서 간에 상당한 불협화음이 일어나 충돌하는 시기입니다. 그래서 많은 아이들이 고립감을 느끼고 우울해하며, 무력하고 슬픔에 빠지는 등 부적응적인 심리를 경험하게 된답니다.

저는 이것을 내면에서 요동치는 '소리 없는 아우성'이라고 말합니다. 키와 몸이 쑥쑥 자라 해맑게 웃는 우리 아이들, 똑똑하고 다부지며 힘도 세져서 운동도 곧잘하는 멋진 아들/딸, 이들의 모습을 보면 부모들은 그저 바라보기만 해도 흐뭇해집니다. 잘 키웠다는 자부심이 저절로 생겨날 거예요. 하지만 아이들의 내면은 이런 겉모습과는 달리 죽고 싶을 만큼 힘들다며 불쑥불쑥 요동치고 있습니다. 갑자기 버럭 화를 내기도 하고, 자기 인생이 가장 불행한 것 같다며 절망하고, 미래에 대한 두려움으로 불안해하며, 때로는 마치 고아가 된 것 같은 깊은 슬픔에 빠져듭니다.

이런 아이들을 바라보는 부모와 교사는 청소년기에 나타나는 상반된 양면성을 이해하려 노력해야 합니다. 힘겨워하는 모습은 건강한 어른이 되기 위해 힘겹게 투쟁하며 변화되고 있다는 시그널(signal)이기 때문이지요.

겉모습은 멋진 어른 같아 보일지라도 그 내면은 고통과 슬픔으로 아우성치고 있음을 꼭 기억해주세요. 청소년들의 마음속 외침에 부드러운 시선으로 귀 기울여 주시기 바랍니다. 우리의 작은 신음소리도 들어주시는 하나님의 따뜻한 마음을 떠올려 보면서 말입니다. 이 어두운 터널을 잘 통과하고 나면 우리 아이들은 어느새 마광된 화살처럼 반짝반짝 빛나 있을 것입니다. 청소년들의 이유 있는 마음속 외침에 한번 더 귀 기울이는 부모가 되어주세요.

청소년들의 외침 2

"

"어린이날 어떻게 보냈니?"

"우리 집에선 중학생도 아직 어린이로 치거든요. 그래서 저도 선
물 받았어요."

"어버이날엔 어떤 시간을 보냈을까?"

"그날 엄마 도와드려야지 했는데 시간이 너무 빨리 지나갔어요.
부모님이 원하는 선물리스트는 받았는데…ㅋㅋ"

어린이날과 어버이날이 나란히 있는 5월이 되면 상담실에서도 재
밌는 이야기들이 펼쳐집니다. 특히 어린이를 갓 탈피한 중학생들은 5
월을 보내며 작은 선물에 웃고 울기도 합니다. 부모님께 장문의 편지
를 써서 감사를 전달하는 기특한 자녀가 있는가 하면, 그저 아무 생

각 없는 아이들도 있습니다. 청소년 입장에서 맞는 어린이날 그리고 청소년 자녀를 둔 부모 입장에서 맞는 어버이날, 여러분 가정에는 어떤 이야기들이 펼쳐지나요?

청소년은 사실 어린이도 아니면서 아이취급 당하기도 하고, 때로는 어른도 아니면서 성인처럼 행동하기를 요구받는 어정쩡한 시기를 살아갑니다. 그야말로 전혀 다른 한 단계에서 완전히 다른 다음 단계로 변화되어가는 과도기 영역에 존재하는 것이죠. 그래서 소속이 불명확한 과도적 상태라는 뜻으로 독일 심리학자 레빈(Lewin)은 이 시기를 '주변인(Marginal man)'이라 했습니다. 아동도 어른도 아니라서 중심에 들어가지 못하고 주변을 맴돌고 있다는 뜻이지요. 또 사회심리학자 에릭슨(Erik Homburger Erikson)은 청소년기를 다음 단계로 넘어가기 위해 잠시 머물러 있는 시기인 '심리적 유예기(Psychological moratorium)'라고 했습니다. 이 말은 아직 어른의 과업은 너무 어려워서 일시적으로 중지할 수 있도록 청소년들에게 일종의 타임아웃 기간을 준다는 배려의 차원입니다.

하지만 청소년기를 잘 이해하기 위해 알아야 할 더 중요한 핵심은 이 시기는 그들만이 가지고 있는 구별되고 독특한 특성이 있다는 겁니다. 독특성이 있다는 관점에서 청소년을 깊이 연구한 미국의 심리학자 스탠리 홀(Granville Stanley Hall)은 이들의 격동하는 감정 변화가 마치 강한 바람과 성난 파도 같다하여 청소년기를 '질풍노도기'라 불렀습니다. 그리고 청소년에 대해 새로운 관점을 제시한 루소

(Rousseau)는 그의 책 에밀에서 청소년기를 '제2의 탄생'이라고 했습니다. 신체적으로 출생한 과거와 달리 성숙을 향해 정신적으로 다시 태어난다는 의미이지요. 그러므로 청소년은 성인의 입장에서 아직 미성숙하고 덜 발달된 상태가 아니라, 아동에서 성인으로 변화되어 가는 과정이며 그들 나름대로의 독특한 특성이 있음을 알아야 합니다.

미국의 청소년교육자 스트롬맨(Strommen)은 20,000명이라는 엄청난 숫자의 청소년들을 대상으로 직접 종단연구한 결과와 당시 10년 동안 밝혀진 다른 연구들을 서로 비교해서 'Five Cries of Youth'라는 책에 그 분석 결과를 소개해 주었습니다.

이 책은 '청소년들의 5가지 외침'이라는 제목으로 청소년들에게 보이는 그들만의 독특한 인식과 정서가 있음을 밝혀줍니다. 첫째는 '자기증오의 외침'으로 자신이 실수했거나 확신이 결여되어있을 때 스스로를 비난하며 침체에 빠지는 정서가 있다는 것이고, 둘째는 '심리적 고아의 외침'으로 가족들이 서로 갈등하고 분열하는 가족문제를 경험할 때 청소년들은 마치 자신이 고아가 된 것 같은 처절함을 느낀다는 것입니다. 셋째는 '사회적 항거의 외침'으로 10대의 아이들은 자신의 이상적 사고를 바탕으로 잘못된 사회제도와 국가문제에 대해 거세게 반항하는 특징이 있고, 넷째는 '편견적 차별의 외침'으로 이들은 매우 자기중심적이어서 자기가 몸담은 조직에 무조건 충성하려는 편견적 태도가 있다는 것입니다. 그런데 이 4가지 외침이 모두 부정적인 정서를 보이는 것과 달리 마지막 다섯 번째 외침은 청소년들에게 나타나는 긍정적 정서입니다. 아이들은 이 시기에 하나님을 깊이 만날 수 있고 또 믿음의 공동체에서 함께 성장해 가는 기쁨과 신앙적 측면에서 만족을 느낀다는 것입니다. 그리고 이를 '기쁨의 외침'이라 불렀습니다. 청소년들은 자기와 관련한 다양한 영역에서 슬픔과 고통, 절망과 분노를 경험하지만, 신앙생활에서는 긍정적인 정서를 경험할 수 있다는 것이죠.

청소년들은 이 기쁨의 외침을 제외하고는 자신과 가족에 대해 비관하고, 사회와 국가에 대해 비판하며, 또한 자신만의 편견을 가지고 내면이 매우 슬프고 화나며 괴롭습니다. 자신이 실망스러워 절망하고, 가족문제 앞에 두려워 떨며, 사회문제에 분노하고, 잘못된 조직에 빠져들 수 있다는 것이죠. 청소년 시기 아이들의 내면은 이처럼 마구 아우성치고 있습니다.

청소년기는 마치 어둡고 캄캄한 터널을 통과하는 것과 같습니다. 이 어두운 터널을 통과하면서 신체적으로 정신적으로 또 지적, 영적으로 전인적인 측면에서 성장하고 성숙되어 갑니다. 그런데 이 터널이 성장을 향한 디딤돌이 아니라, 그저 어두운 협곡으로만 빠져드는 깊은 골짜기라면, 그 어둠에서 벗어나지 못해 결국은 절망할 수밖에 없습니다. 청소년기라는 이 터널이 깜깜한 협곡이 되지 않고, 성장의 과정이 되도록 우리 자녀를 위한 간절한 기도가 필요합니다.

기쁨의 외침

"

청소년들을 상담하다보면 정서적으로 심각한 상태에 빠진 아이들을 만나게 됩니다. 물론 청소년기는 발달적으로 불안정해 부정적인 정서를 자주 경험하지만, 그 정도를 넘어서서 전문가의 개입이 필요한 병리적인 상태인 경우가 있다는 것이죠. 예를 들면 소중한 사람을 잃어버린 깊은 상실감을 경험했거나 감당하기 힘든 극심한 스트레스에 노출됐을 때, 때로는 혼자서는 조절하기 어려운 감정 상태에 빠져드는 것입니다.

깊은 절망에 빠졌던 두 명의 친구를 소개하겠습니다. 혜정(가명)이는 하얀 피부에 귀여운 외모를 가진 고3 여학생이었습니다. 중학생 때부터 한 친구에게 지속적으로 괴롭힘을 당해왔는데, 너무 힘들었던 나머지 그 친구를 피해 도망가듯 다른 학교로 전학을 갔습니다.

하지만 옮긴 학교에서 예전보다 더 무서운 친구들을 만나게 된 겁니다. 마음이 힘든 고통의 시간이 길어지면서 혜정이는 학교에 대한 흥미가 점점 사라졌고 삶의 의욕조차 잃어버리는 깊은 슬픔에 빠져들었습니다.

지훈(가명)이는 중3 때 엄마를 암으로 떠나보내는 엄청난 아픔을 겪은 친구입니다. 엄마가 돌아가셨던 당시에는 동생과 아빠가 걱정할까봐 자기의 슬픈 감정을 제대로 드러내지 못했다고 합니다. 주변 친척들도 '아이가 그저 괜찮은가 보다.'라고 생각할 뿐이었죠. 그런데 고등학교로 진학하면서 지훈이 모습은 눈에 띄게 달라졌습니다. 아침에 일어나 밤에 잠이 들 때까지 눈물이 멈추지 않았고, 거의 매일 그리고 매 순간 기쁘지 않았으며, 슬프고 무기력한 상태가 되어버렸습니다. 학교생활은 물론이고 하루하루 일상생활조차 감당하기가 무척 힘들었습니다.

이 두 친구는 모두 혼자 힘으로는 자신의 감정을 조절하기 어려운 상태가 되버린 거였죠. "저는 더 이상 희망이 없어요." "차라리 죽는 게 더 나아요." "이젠 도저히 견딜 수가 없어요."라는 말만 연거푸 내뱉을 뿐이었습니다.

깊은 우울감은 삶을 절망하게 될 때 찾아옵니다. 자신이 '바라는 나'와 '현재의 나'가 너무 다를 때 그 간격이 너무 클 때, 자기 삶을 스스로 통제할 수 없다고 느끼면서 절망하게 됩니다. 절망에 빠진 사람들은 자신을 비난하고 자신이 속한 환경을 비관하며 또, 다가올 미래를 나쁘게 평가하는 사고방식을 장착하는데, 이런 사고의 경향성을 우울증의 대표특징인 '인지삼재'라고 합니다. 이런 정서가 단기로 그치지 않고 만약 장기화된다면 만성적 상태가 되어서 지속적인 우울감을 경험하게 되는 것이죠.

이들은 집밖을 나와 상담실로 오는 것 자체가 힘겹습니다. 그래서 세심하고 구체적이며 적극적인 치료가 필요한 사람들입니다. 정확한 진단에 따른 약물치료를 받아야 하며 문제의 원인을 추적하는 다각적인 노력을 기울여야 합니다. 절망이라는 어두운 터널에서 빠져나오기까지 많은 시간이 걸리거나 치료적 효과 또한 더딘 경우도 많습니다.

저는 절망에 빠진 내담자들을 만나면서 하나의 놀라운 사실을 발견할 수 있었습니다. 일반인들에 비해 기독교인들의 내적 힘이 훨씬 더 강하더라는 겁니다. 상담을 통해 발견된 문제의 원인을 해결하고 자신의 정서적 고통을 치료하기 위해 완전한 치료자이신 하나님께 문제를 가지고 나간다는 것은 기독교인으로서 누릴 수 있는 놀라운 특권이자 하나님의 귀한 선물이었습니다.

혜정이는 좀처럼 변하지 않는 친구문제와 가족적 환경으로 다시 무기력해지는 실패를 반복했지만, 슬퍼하고 두려워하는 중에도 하나님께 의지하면서 차차 미래에 대한 소망을 찾기 시작했습니다. 그 과정에서 고통 중에도 버틸 수 있는 힘이 생겼고, 그 힘을 바탕으로 조금씩 변하는 자신을 경험하게 됐죠. "선생님 너무 감사해요! 이젠 소망이 보여요."라며 기뻐하던 혜정이 목소리가 지금도 생생합니다.

스트롬맨이 밝힌 청소년들의 특징 중 하나인 하나님을 향한 '기쁨의 외침'은 완전한 치료자이신 하나님을 만날 수 있도록 하는 선물이기에 우리는 더 열심히 자녀를 전도해야 합니다.

조금만 더 자유롭게…

"

초등5학년생인 딸과 엄마가 상담실을 찾아왔습니다. 모자를 푹 눌러 쓴 혜영(가명)이는 첫 회기부터 일그러진 표정으로 뭐가 그리 힘든지 눈물을 뚝뚝 흘렸습니다. 그리고 혜영이 어머니는 착했던 딸이 왜 이러는지 모르겠다며 한숨 섞인 눈물을 딸 앞에서 쏟아내셨습니다. 두 사람은 매 회기 만날 때마다 울지 않은 적이 없을 정도로 늘 슬픔으로 가득 찬 모녀였습니다. 따로 만나도 같이 만나도 늘 울음바다였으니까요.

혜영이가 모자를 푹 눌러쓰고 다니는 데에는 다 이유가 있었습니다. 상담하던 어느 날 모자를 벗어서 모자로 가려졌던 얼굴을 저에게 보여 주었습니다. 그동안 왜 그토록 가리고 다녀야 했는지 금방 알아챌 수 있었죠. 혜영이 앞머리는 거의 숱이 없는 상태였고 뒷머리는 아주 짧게 자른 모양이었는데, 몇 가닥 남지 않은 머리카락을 쓸어올리며 머쓱하게 웃던 혜영이 모습이 지금도 떠오릅니다.

어머니 말씀에 의하면 혜영이는 참 착한 딸이었다고 합니다. 엄마가 그동안 직장에 다녀야 했기에 큰딸의 도움 없이는 동생들 돌보기가 어려웠던 터라 혜영이에게 많은 역할을 맡겨야 했습니다. 착한 딸 혜영이는 엄마가 돌아올 때까지 동생을 정성스레 돌봐왔습니다. 하교하면 동생을 맞아들이고, 시간 맞춰 학원에 보내고, 자기 스케줄은 혼자 척척 해내는 참 기특한 딸이었죠. 그런데 4학년이 됐을 즈음 드디어 엄마가 직장을 그만두신다는 기쁜 소식이 들려왔습니다. 혜영이는 너무 신나 '이제 내게도 자유가 오겠구나!' 소리치며 뛸 듯이 기뻤다고 합니다. 혜영이는 자유시간이 찾아오기를 간절히 기다리고 또 기다렸습니다. 그런데 이상하게 엄마가 직장을 그만뒀음에도 불구하고 혜영이가 맡았던 역할은 전혀 줄어들지 않았습니다. 그동안 놀고 싶고 하고 싶었던 거 꾹꾹 누르며 참아왔는데 엄마가 집에 계셔도 달라진 게 아무것도 없었으니까요. 아이 입장에서는 정말 미칠 지경이었던 거죠. '5학년이 되면 달라지겠지.'라고 생각했지만 여전히 친구와 놀 수 없었고 집으로 빨리 돌아와야 했습니다.

혜영이는 배구를 좋아했습니다. 그토록 기다리던 배구대회를 앞두고 방과 후에는 연습도 실컷 해보고 싶었는데, 엄마는 짧은 시간만 허용할 뿐이었습니다. 부탁도 해보고 화도 내보고 울어보기도 했지만 엄마는 언니로서의 의무만 강조할 뿐이었습니다.

엄마에게 혜영이는 언제나 착한 큰딸이어야만 했을지 모릅니다. 혜영이는 슬프고 답답했습니다. 두 동생을 보면 저렇게 자유로워 보이는데, 유독 자신만 아무것도 할 수 없다는 생각에 서러웠습니다. 그때쯤 혜영이는 이상한 행동을 하기 시작했습니다. 마음이 힘들 때마다 머리카락을 뜯기 시작했는데, 이것은 일종의 힘든 감정을 조절하는 하나의 방법이었죠. 그런 행동이 여러 번 반복되다보니 어느새 눈에 띄게 줄어든 머리카락을 엄마가 보게 됐고, 그제서야 소스라치게 놀란 엄마는 혜영이를 데리고 병원으로 달려갔습니다.

가족치료학자 카터와 맥골드릭은 가족생활주기를 총 여섯 단계로 나누어 소개해 줍니다. 가족생활주기라는 것은 가족발달단계를 말하는 것으로, 사람들이 태어나고 성장하는 과정을 거치는 것처럼 가족 역시 여러 발달과정을 밟아 간다는 것입니다. 상담을 할 때 내담자를 이해함에 있어서 이 발달단계를 검토하는 것은 매우 중요한 요소이며, 특히 자녀가 청소년기 일 때는 반드시 탐색해야할 필수요건입니다.

카터와 맥골드릭은 가족발달의 네 번째 시기를 '자녀 청소년기'라고 했습니다. 이 시기는 부부가 결혼해서 낳은 자녀가 청소년이 됐을 때를 말하는 것으로 이 때 꼭 성취해야할 과제가 있음을 강조합니다.

이 시기의 중요한 발달과업은 청소년이 가족체계의 안과 밖을 보다 쉽게 넘나들 수 있도록 부모-자녀의 관계를 변화시켜야 한다는 겁니다. 즉 자녀가 성장하여 청소년이 됐을 때는 부모의 양육태도가 예전보다 허용적으로 바뀌어야함을 강조하는 말이지요.

통제적인 부모님일수록 아동기에 했던 양육방식을 청소년기에도 그대로 고수하려는 경향성이 매우 높습니다. 하지만 그럴수록 아이들은 더 불안해지고, 불안이 높아진 아이들은 이 불안정한 청소년기에 스트레스가 가중되어 다양한 병리적인 증상이 촉발되는 것입니다. 청소년 자녀들에겐 한 웅큼 더 추가한 자유를 허락해 주시기 바랍니다. 관심은 그대로 간섭은 줄이고….

일탈하거나 자기를 괴롭히거나…

"

인간은 누구나 청소년기를 거칩니다. 앞선 글에서도 언급했듯 청소년기는 변화와 성장이라는 긍정의 이미지가 있는가 하면 불안, 공포, 슬픔의 구명으로 파고드는 부정적인 이미지를 동시에 가지고 있습니다. 성숙과 성장 및 자아정체감을 형성해가야 하는 변화의 시기지만, 동시에 성호르몬 분비와 급격한 뇌 성장, 신체급등으로 공격성과 충동성이 크게 발현되는 상당히 불안정한 시기입니다. 이들이 가지는 이런 양면성은 청소년에게서 나타나는 다양한 내외적인 문제에 영향을 미칩니다.

발달적으로 불안정한 청소년기에 심리적 또는 환경적인 스트레스가 가중되어서 그 부담이 일정 수준을 넘어서게 되면, 여러 병리적인 증상들이 촉발하게 됩니다.

미국 정신의학회에서 발간한 DSM-5에 의하면 많은 정신병리들이 청소년기에 발현된다는 것을 알 수 있는데, 이것은 이 시기가 가지는 독특한 불안정성과 무관하지 않습니다. 그러므로 성장기 아이들이 극심한 스트레스에 노출되어 병리적인 증상으로 발전되지 않도록, 부모와 교사들의 세심한 도움이 필요합니다.

생의 과정에서 많은 스트레스를 경험하게 될 경우, 개인적인 취약성과 스트레스가 상호작용해 일정한 수준을 넘게 되면 누구나 심리적 문제를 경험할 수 있습니다. 이런 관점에서 정서적으로 불안정한 청소년기는 다양한 병리적 증상에 취약한 시기임을 꼭 기억해야 합니다.

저는 그동안 많은 청소년들을 만나오면서 이들이 극심한 스트레스에 반복 노출될 때 양극단의 문제행동이 나타날 수 있음을 보았습니다. 그중 하나가 내면의 고통을 밖으로 드러내는 '외현화 현상'입니다. 범죄에 노출된 청소년들을 만나다보면, 범죄목록이나 불법행위의 강도는 개인에 따라 다 다를 수 있지만, 내면의 갈등을 밖으로 표출하는 공통의 특성을 엿볼 수 있었습니다.

대부분은 그들 내면의 불안, 분노, 슬픔, 공포 등 감당하기 힘든 정서가 가중될 때, 심리적인 문제를 파괴적인 행동으로 해결하려는 모습이었습니다. 즉, 해결하기 어려운 문제들이 겹쳐 고통스러울 때, 화를 표출하거나 폭력을 행사하고 범죄를 저지르는 등 심적 고통을 외재화하는 아이들이죠.

또 하나의 행동양상은 극심한 스트레스로 부정적인 정서가 견디기 어려울 만큼 가중될 때, 이 내적갈등을 외부로 표출하기보다 자기 내면으로 '내현화'시켜 스스로를 괴롭히는 청소년들입니다. 이들은 힘든 마음을 타인에게 드러내지 못하고 자신을 괴롭히는 행동을 선택합니다. 머리카락을 뽑거나, 칼로 신체를 베기도 하고, 날카로운 물건으로 살을 찌르거나, 상처를 그냥 방치하는 등 고의적으로 자기 신체를 훼손하는 행위를 하게 된다는 것이죠. 즉, 스트레스가 가중되어 해결하기 어려울 때 화를 겉으로 표출하지 못하고 자신을 괴롭히는 아이들입니다.

우리 아이들이 과거에, 그리고 현재, 또 미래에 극심한 외상을 경험하지 않도록 할 수 있다면 얼마나 좋겠습니까. 하지만 우리 삶 곳곳에는 다양한 문제들이 우리를 삼킬 듯 도사리고 있습니다. 그렇다면 곳곳에 놓인 어려움을 헤쳐나가야 할 아이들을 부모와 교사는 어떻게 도와줄 수 있을까요?

삶을 낙망하고 있는 자녀를 보는 것은 부모로서 가장 힘든 고통일 것입니다. 그런데 아이들은 견디기 힘든 상황에도 옆에서 지지해주는 부모의 사랑을 느낄 때, 안심할 수 있으며 깊은 상처라도 견뎌낼 힘을 얻습니다. 그리고 표면적인 행동 이면에 숨겨진 감정이 공감받을 때, 자신의 잘못된 행동도 돌아볼 수 있는 눈이 생기게 되죠.

극심한 스트레스 한 가운데서도 아이들이 안정감을 느낄 수 있도록 도와주시기 바랍니다. 그것은 부모에 대한 신뢰가 바탕이 되어야 하며, 하나님이 내 아들/딸에게 가장 좋은 길을 열어주실 것이라는 믿음이 있어야 합니다. 부모의 사랑은 부모를 신뢰하게 만들고, 부모에 대한 신뢰는 하나님을 향한 믿음으로 확장됩니다. 신뢰와 믿음은 불안을 이길 수 있는 가장 강력한 열쇠입니다.

어린아이는 부모와의 관계, 특히 부모의 애정어린 관심을 통해

"아! 나는 사랑받을만한 가치가 있는 사람이구나!"

라는 것을 무의식적으로 인식합니다.

자존감의 시초는

아이가 스스로 만들 수 있는 것이 아니라

바로 부모를 통해 경험하는 것입니다.

Part 3.
청소년기와 자존감

청소년기와 자존감

"

청소년을 뜻하는 영어단어는 adolescence를 사용하는데, 이 단어는 "성숙한다." 또는 "성장한다."는 의미를 가진 라틴어에서 유래됐습니다. 청소년들은 신체적, 심리적, 사회적, 영적 등 전인적인 면에서 성장하고 발달하는 시기임을 의미하는 것이지요. 그리고 사춘기라는 단어는 영어로 puberty를 사용하는데, 이 단어는 "성기에 발모가 나타남"이라는 뜻으로 성적성숙이 시작하는 시기임을 뜻합니다.

청소년을 설명하는 두 단어에도 볼 수 있듯 이 시기는 발달적 과도기로서 성장하고 성숙하는 변화의 시기임을 알 수 있습니다. 그런데 이들은 신체적으로는 멋진 어른처럼 성장하지만, 심리적으로는 불안이 높고 현실과 이상 속에서 불균형을 경험하며 내적인 갈등으로 혼란에 휩싸이는 격동의 시기입니다. 즉, 청소년들은 외적으로는 긍정적 측면이 두드러지지만 내적으로는 상당히 불안하고 혼란스러워 부정적인 측면이 두드러지는 것이지요. 이런 내외적인 양면성이 청소년들을 더욱 혼란스럽게 만든답니다.

이런 면에서 청소년기는 인생의 발달과정에서도 불안정한 시기로 분류됩니다. 특히 육체적인 외양과 학문적인 실행력, 사회적인 관계 능력 등 다양한 면에서 결핍을 경험하면 스스로를 비관하면서 자존감이 퇴보하는 경험을 맛보게 되죠. 그래서 우울증이나 섭식장애, 비행문제, 자살, 자해 같은 문제행동이 자존감 낮은 청소년 시기에 많이 나타나는 것입니다. 이렇듯 청소년기는 다른 시기와 달리 자존감이 매우 감소하는 시기입니다.

청소년들이 낮은 자존감을 갖게 되는 것에는 보다 근원적인 원인이 있습니다. 첫째는 부모의 통제와 학대입니다. 부모의 통제란 일방적인 강요나 위협, 육체적 처벌 등을 포함하는 부모의 권위주의적 통제를 말하는 것으로, 부모의 통제는 청소년들의 자기평가에 해로운 결과를 가져다줍니다. 특히, 부모의 학대는 자녀들의 자존감에 매우 치명적입니다.

둘째는 가족 간 갈등이 자존감 하락의 요인이라는 겁니다. 부부 사이의 관계는 청소년 자녀의 자존감에 영향을 주는데 자녀는 부모 사이에 일어나는 부정적인 상호작용을 경험하면서 자기 스스로를 비난하게 됩니다. 가족 안에서의 내적 갈등은 자신의 가족을 비판적으로 평가하게 만들 뿐 아니라 자기에 대한 평가도 부정적이게 만드는 것이죠.

셋째는 또래집단의 영향입니다. 청소년기의 긍정적 또래관계는 만족스러운 정서를 주지만 부정적 또래관계는 여러 부정정서를 경험하게 합니다. 하지만 또래집단으로부터 인정받는 것과 자기가치를 독립적인 것으로 평가하는 청소년들은 더 높은 자존감을 지닌다는 연구 결과는 자율적이고 독립적인 친구관계가 청소년들의 자존감 레벨을 상승시키는 요인임을 알 수 있습니다.

자존감과 비슷하게 들려 자주 혼동되는 단어인 자존심, 자신감, 자만심 같은 용어들이 있습니다. 이 용어는 제각각 다른 개념입니다. 자존감은 '자신을 어떻게 평가하는지'에 대한 생각 차원의 개념이라면, 자존심은 이런 생각의 결과 수반되는 감정의 차원입니다, 즉, 자존심은 자존감이 떨어졌을 때 느끼는 상한 감정을 의미하는 것이지요. 그리고 자신감은 자신의 능력과 과업의 난이도를 비교하는 개념으로, 능력을 높게 평가하고 난이도를 낮게 잡으면 자신감은 저절로 올라가게 됩니다. 자만심은 자신의 능력을 지나치게 높게 평가하거나 과업의 난이도를 지나치게 낮게 잡을 때 생기는 마음으로, 이것도 자존감과는 다른 의미입니다.

우리 자녀가 높은 자존감을 형성할 수 있도록 부모와 교사는 우선 이 자존감이 무엇인지에 대해 명확히 이해해야 합니다.

자존감이란…

"

자존감이라는 말속에는 세 가지 의미가 들어있습니다. 자존감을 연구한 브라운과 마셜(Brown & Marshall)이라는 학자는 자존감의 세 측면을 전체적인 자존감과 자기가치에 대한 감정 그리고 자기평가로 구분하여 설명했습니다.

먼저, 전체적인 자존감이란 사람들이 자신에 대해 스스로 느끼는 이미지를 말하는 것으로, 이것은 시간과 상황에 따라 좌우되지 않고 상대적으로 지속되는 경향이 있습니다.

둘째, 자존감은 자기가치에 대한 느낌을 말하는 것으로, 자신을 자랑스럽거나 즐겁게 느끼는 긍정적 측면의 감정, 혹은 자신을 굴욕스럽고 수치스럽게 느끼는 부정적 측면의 감정처럼 자기가치에 대한 감정을 자존감으로 설명합니다.

셋째, 자존감은 능력이나 속성에 대한 자기평가를 일컫는 것으로, 이때의 자존감은 자신의 능력과 육체적 특성, 성취능력 등을 스스로 높거나 낮게 평가하는 것을 의미합니다.

이 세 측면의 자존감은 각각 따로 구별되는 별개의 특성이 아니라 서로 연관되어 나타납니다. 높은 자존감을 가진 사람은 낮은 자존감을 가진 사람보다 자신의 가치를 좋게 느끼고 스스로를 높게 평가하지만, 자존감이 낮은 사람은 자신의 가치를 나쁘게 느끼면서 자기 스스로를 더 낮게 평가하는 것이죠.

자존감을 이해할 때 쉽게 혼동할 수 있는 '자만심'과 구분할 필요가 있습니다. 우리는 흔히 자존감과 자만심을 구별하지 못해 자존감 높은 사람을 오히려 자만하는 사람으로 보거나 자만심이 높은 사람을 자존감 높은 사람으로 오해하기도 합니다. 자존감이 근본적인 효능감과 가치 있는 인간의 확신에 속한 것이라면, 자만심은 구체적인 성취들 혹은 행동에 기초하거나 반응하여 자신에게 취하는 쾌락에 속하는 것으로 설명할 수 있습니다. 좀 쉽게 말하자면, 자존감은 "나는 할 수 있다."의 개념이지만, 자만심은 "나는 가지고 있다."의 개념으로 구별된다는 겁니다. 자존감에 관심을 기울인 학자들은 우리가 '가져야 할 자존감'과 '버려야 할 자만심'은 서로 다른 것이라고 강조합니다.

자존감은 현실적인 평가에 기초를 두지만, 자만심은 상상적인 자기의 창조에 기초합니다. 자존감은 자신의 잠재력과 일치하는 목표를 추구하지만, 자만심은 영광과 승리를 추구하는 거짓 자기를 창조합니다. 그리고 자존감은 개인적인 결점과 부담을 인정하는 반면, 자만심은 쉽게 상처받고 자기를 비하하는 특징이 있습니다. 자존감은 자신의 이상에 맞게 살지 못할 때 일시적인 죄책감을 느끼고 후회하는 마음이지만, 신경증적 자만심은 수치심과 굴욕, 자기멸시의 늪에 빠져버립니다. 자존감은 심한 격분 없이도 개인적 실수를 껴안을 수 있지만, 자만심은 완벽을 추구하여 격분하고 분노합니다. 그리고 자만심이 높은 사람들은 상처받을 때 앙심을 품고 욕설을 퍼붓는 특징이 있지요. 이것이 자존감과 자만심의 큰 차이입니다.

우리는 현대의 사이비 자존감, 즉 자존감을 가장한 자만심에 빠지지 않도록 주의해야 합니다. 하나님께서는 '교만은 패망의 선봉이요. 거만한 마음은 넘어짐의 앞잡이'라고 경고하셨습니다. 자존감은 하나님의 형상으로 창조된 자신의 가치를 인정하고 진정한 회복을 지향하지만, 교만은 하나님의 형상과는 거리가 먼 죄의 길임을 깨달아야 합니다.

우리의 소중한 존재적 가치와 주님이 주신 능력을 인정하는 자존감 높은 '나(Self)'가 될 수 있기를 소망합니다.

자존감을 높이려면…

"

자존감은 눈으로 확인할 수 없는 작은 것에 불과하다고 생각할 수 있지만, 사실 자존감은 커다란 배의 방향을 조정할 수 있는 작은 키처럼 한 사람의 행동을 이끄는 매우 중요한 요소입니다. 동일한 상황에서 비슷한 문제에 맞닥뜨리더라도 자존감의 높고 낮음에 따라 사람들의 대응 방식이 완전히 달라질 수 있으니까요. 어려운 문제라도 건강하게 반응하는 사람들이 있는가 하면 작은 문제도 매우 병리적으로 대응하는 사람들이 있습니다. 비슷한 상황이 어떤 사람에게는 상처가 되지만 어떤 사람에게는 아무런 문제가 되지 않는 것이죠. 또한 자기를 평가하는 내용도 사람마다 다 다릅니다. 그렇기 때문에 자존감은 우리의 생활 곳곳에 그리고 우리의 다양한 정서에 지대한 영향을 미치는 요인일 수밖에 없습니다.

이를 반영하듯 현대를 살아가는 많은 사람들은 자신의 자존감 수준에 관심이 많고, 특히 자기 자녀의 자존감을 높이기 위해 무척 노력합니다. 우리나라 부모들은 자녀의 자존감이 높아질 수 있다면 마치 샤워실의 바보가 된 것처럼 이러저리 휘둘리고 누군가 푯대를 들 때 무분별하게 돌진합니다.

자존감은 크게 가치(worthiness)와 능력(competence)이라는 두 가지 구성요소로 이루어져 있습니다. 그중 가장 기본적인 차원의 자존감은 어린 시절부터 부모에게 사랑을 받음으로써 자신에 대한 가치를 내면화한 것인데, 이 내면화된 자존감은 아이가 성인으로 성장한 후에도 자기의 가치수준에 지속적인 영향을 미칩니다. 부모에게 사랑받은 경험이 자신에 대한 긍정적인 가치로 내면화된다는 것이지요. 좋은 부모를 통한 좋은 경험이 '좋은 나'라는 긍정적인 이미지를 만들어 줍니다.

사람은 누구나 어린 시절에는 자신의 가치를 스스로 규정할 수 없습니다. 어린 아이는 부모와의 관계 즉, 부모의 애정어린 관심을 통해 "아! 나는 사랑받을만한 가치가 있는 사람이구나!"라는 것을 무의식적으로 인식하게 되는 것이죠. 그러므로 자존감의 시발점은 아이가 스스로 만드는 것이 아니라 부모를 통해 이루어지는 것입니다. '좋은 엄마 경험'이 '좋은 자기'의 출발입니다. 자신을 사랑해주는 부모를 신뢰하게 될 때 자신의 가치를 신뢰할 수 있게 된답니다.

자존감의 또 다른 축은 자기 능력에 대한 평가입니다. 자기 능력에 대한 평가는 자기 효능감이라는 용어로 설명됩니다. '자기 효능감'이라는 것은 개인이 어떤 결과를 산출하기 위해 요구되는 행동을 성공적으로 수행할 수 있다는 신념으로, 스스로 성취해 성공경험을 맛볼 때 형성되는 것입니다. 그러므로 다양한 작업에서 성취를 이루어 성공경험을 늘려갈 때 자존감을 높일 수 있습니다. 자기의 재능으로 능력을 향상시키고 그 영향력을 행사하면서 자기 효능감이 높아질 때 전체적으로 자존감 레벨이 점점 올라가는 것이지요.

자존감을 이루는 이 두 요소를 인식한다면 자존감을 높이기 위해 무엇을 해야 하는지 깨달을 수 있습니다. 먼저 자기 가치에 대한 긍정적 평가인 기본적 자존감이 가장 먼저입니다. 근원적인 자존감은 스스로 만들 수 있는 것이 아니라 부모와의 좋은 관계를 통해 자신의 가치를 내면화할 때 형성되는 것임을 알아야 합니다. 그리고 자존감을 높이기 위한 또 하나의 방법인 '자기 효능감'을 높여야 한다는 것이죠. 이 효능감은 자기 능력이나 육체적 특성, 성취능력에 대한 것으로 누구나 노력하면 다양한 분야에서 다양한 차원의 자존감을 높일 수 있습니다.

사랑하는 자녀의 자존감이 높아지길 원하십니까? 그렇다면 부모는 자녀가 무엇인가 잘하고 못하고를 떠나 그 존재자체를 사랑해주어야 합니다. 나아가 자녀가 다양한 성공감을 경험할 수 있도록 도와줌으로써 아이들의 자존감 레벨을 높일 수 있습니다.

중간 아이

"

심리학자 아들러(Alfred Adler)는 사람들의 출생순위와 형제관계에 많은 관심을 기울인 학자입니다. 그는 개인이 생각하고 느끼고, 행동하는 데 기반이 되는 생활양식이 출생순위와 관련되며, 사람마다 가지고 있는 독특한 성격특성도 형제순위에 따라 다를 수 있음을 강조했습니다.

아들러는 한 사람을 이해하고 상담하는 데에 저마다 가진 독특한 생활양식에 많은 주의를 기울였습니다. 한 개인이 지닌 생활양식은 성장하면서 새로운 방식으로 변화되어가지만, 그것은 단지 어릴 때 정착된 기본 구조의 확대일 뿐이며, 대부분은 어린 시절 경험을 통해 형성되는 경우가 많다고 생각했습니다.

아들러의 이런 견해는 비단 그만의 독특한 이론이 아니라, 많은 학자들이 공통으로 주장하는 고전적인 이론이기도 합니다. 즉, 주양육자인 엄마로부터 받은 경험을 통해 아이들은 자기에 대한 개념과 타인에 대한 개념을 형성해 가는데, 어릴 때부터 형성된 이 이미지가 성장기는 물론 성인이 되어서도 자기 삶에 큰 영향을 미치는 요인이 되는 것이죠.

사람들마다 소유하고 있는 성격특성도 이와 유사한 측면이 있습니다. 성격이란 개인이 취하는 행동이 일정한 항상성을 지니는 심리적 체계를 의미합니다. 한 개인의 성격은 어린 시절부터 서서히 발전하는 것으로, 성인기에 이르러서는 자신의 독특한 특성으로 굳어져 행동양식에 영향을 미칩니다. 유아가 성장하는 과정에서 겪는 부모의 양육태도와 가족적 분위기가 그 사람의 성격으로 연결된다는 겁니다. 이런 관점에서 가족구도와 출생순위는 어느 한 사람을 이해하는 매우 중요한 관찰통로입니다.

출생순위 중 둘째 아이는 태어날 때부터 형이나 누나처럼 자기보다 앞선 존재를 만납니다. 특히, 형제 순위가 중간에 위치한 이 '중간 아이'는 자기 앞에 맏이가 있을 뿐 아니라 부모의 관심을 독차지하는 막내라는 존재도 동시에 경험하게 되죠.

이런 경험은 '중간 아이'로서의 독특한 성격형성에 영향을 미치는 요인입니다. 이들에게 형이나 누나는 따를 수 있는 모델이 되기도 하지만 경쟁해야 할 위협의 대상으로 여겨지며, 또 한편으로는 뒤쫓아 오는 동생이 있기 때문에 동생의 추격과 견제를 함께 견뎌내야 하는 겁니다. 따라서 둘째인 '중간 아이'의 전형적인 특성이 자신의 입지를 세우고자 노력하는 '강한 독립성'이며, 어떤 일에 있어서 최고가 되고자 애쓰는 '투쟁적 자세'라 할 수 있습니다. 그래서 이들의 생활양식은 자신이 형이나 누나보다 낫다는 것을 증명하기 위해 끊임없이 노력하는 형태인데, 이런 성향이 다른 형제들과는 반대방향으로 행동하려는 독특한 경향으로 나타나게 됩니다. 또한 반항적이거나 예민해 부모에게 자신의 위치에 대한 보증을 받으려고 무척 노력하는 태도도 보입니다. 이처럼 '중간 아이'는 자신의 존재를 증명하기 위해 매사에 경쟁적 자세를 무장하고 있지요.

하지만 이런 특성들은 '중간 아이'가 가지는 고정된 불변의 것이 아님을 알아야 합니다. 둘째를 대할 때 부모들이 관심가져야 할 것은 이들의 부정적 특성이라기보다, 긍정적인 영향력에 더 주의를 기울여야 합니다.

둘째들의 야심과 공동체감은 리더가 될 수 있는 자질이며, 다양한 상황에서 적응할 수 있는 역량이고, 강한 승부욕은 끝까지 성취해서 큰 성공감을 맛볼 수 있게 하는 힘입니다. 그리고 중간 아이가 자라면서 경험했던 열등감과 상처는 오히려 갈등조정자나 평화유지군으로서의 역할을 톡톡히 해낼 수 있는 장점이 되어, 이들의 대인관계에도 무한한 가능성을 열어줍니다. 이런 장점이 강점으로 장착되도록 도와주어야 합니다.

책임감의 소유자 맏이

"

맏이는 동생이 태어나기 전까진 부모의 사랑과 관심을 독차지합니다. 그런데 동생이 태어나면 자신에게만 집중됐던 관심을 동생에게 빼앗겨, 그동안 독차지했던 부모의 사랑을 잃어버리는 절망을 경험하게 되죠. 그래서 아들러는 첫째 아이를 "폐위된 왕"이라 불렀습니다. 마치 왕처럼 대우받던 고귀한 자리를 물러나 이젠 동생에게 내어 주어야 하는 겁니다. 처음엔 동생과 경쟁하면서 부모 사랑을 되찾으려 노력하지만 그런 노력은 곧 실패로 끝나고, 그 결과 스스로 고립되어 주어진 환경에 적응해 나갑니다.

첫째들이 경험하는 이런 고립은 혼자 생존해 나가는 전략을 습득하게 만드는데, 스스로 독립해보고 적응해가며 타인의 칭찬과 인정을 받기 위해 부단히 노력하는 맏이의 성향으로 발전해 갑니다.

맏이들은 빼앗긴 부모의 관심을 지키기 위해 끊임없이 노력하는 경향이 있습니다. 그래서 이들은 본래 있던 것을 유지하려는 강한 보수적 성향을 띠게 되고, 부모의 높은 기대에 부응하기 위한 완벽한 목표를 가지고 투쟁하는 자세를 보입니다. 이 과정에서 맏이는 특유의 성실함과 책임감이 발달하는 것이지요. 더불어 첫째에게 주어지는 부모의 높은 기대와 동생을 잘 돌보는 것이 바람직하다는 주변의 가르침은 이들에게 '강한 책임감'을 부여할 뿐 아니라 동시에 '권위적이거나 지배적인 태도'를 형성하는 데에도 영향을 미칩니다.

이처럼 첫째 아이 즉, 맏이에게 나타나는 가장 긍정적이며 두드러진 특성은 바로 탁월한 책임감과 성실함입니다. 그리고 동생을 잘 돌보는 과정에서 발달해 가는 보호자로서의 배려는 책임감과 더불어 탁월한 리더자로서의 면모를 갖추게 합니다.

한 조사에 따르면 미국 대통령의 절반 이상이 맏이라고 합니다. 그리고 엘레노어 루즈벨트와 윈스턴 처칠, 베니토 무솔리니, 앙겔라 마르켈 등 세계적인 정치인들도 첫째였다고 보고되어 있죠. 맏이의 이런 근면하고 양심적이며 성취 지향적인 강점들이 리더로서의 능력을 발휘하게 만드는 요인입니다.

생애초기에 권력을 가졌고, 이후 그 권력을 잃어버렸다가 다시 되찾으려고 노력하는 첫째 아이들은 '권위의 중요성'에 대해 동생보다 더 잘 이해합니다. 그래서 이들은 일반적으로 어른들과의 관계를 잘 맺고, 어른의 기대와 가치에 동의하며, 동생들을 돌보고 도움 주려는 책임감 있는 방식을 선택하게 되지요.

그런데 맏이에게 나타날 수 있는 부정적인 특성이 있습니다. 첫째 아이들은 권위적인 인물에 쉽게 동조하거나 지나치게 보수적인 경향이 있으며, 일이 갑자기 나빠질 것을 두려워해 매사에 자신감이 부족한 모습이 드러날 수 있죠. 그리고 스트레스 상황에선 퇴행적 행동을 보이고, 과업을 제대로 성취하지 못할 경우 부적응자가 될 가능성도 지니고 있습니다.

아들러에 의하면 맏이는 높은 사회적 관심과 활동성이 높은 '사회적 유용형'이 되거나, 그렇지 않으면 권력을 지나치게 추구하고 공격적인 '지배형'이 될 가능성이 크다고 했습니다. 탁월한 책임감을 가지고 좋은 리더가 될 수 있는 맏이들이 폐위된 왕으로서 스스로를 지나치게 고립시키거나 권위적이고 비관적이게 되지 않도록 부모는 첫째의 상황을 이해하는 양육을 해야 합니다. 지나친 기대로 부담을 주거나 타인과 비교해 열등감을 심어주는 양육적 태도는 지양해야 할 자세입니다.

출생서열에 따라 나타나는 전형적 특징들은 사실 고정된 불변의 것들은 아닙니다. 부모는 자녀의 성격에 출생의 서열이 미칠 가능성을 이해하고 다양한 상황에서 강화될 수 있는 부정적인 특성이 체득화되지 않도록 지혜로운 양육자가 되어야 할 것입니다.

사랑의 전달자 외동아이!

"

지난 2015년 한국생산성본부(KPC)에서 국민들의 출산을 장려하기 위해 한 포스터를 선정하여 논란에 휩싸였습니다. 그 포스터에는 "하나는 부족합니다"라는 문구과 함께 "외동아이는 형제가 없기 때문에 사회성이나 인간적 발달이 느리고, 자기중심적이 되기 쉽다"라는 글귀가 적혀있었기 때문입니다. 이는 외동에 대한 편견을 심어주는 부정적인 관점의 포스터였습니다.

최근 우리나라의 가족구성원 형태를 살펴보면 자녀가 한 명인 가구가 많고 앞으로도 증가하는 추세임을 알 수 있습니다. 이는 곧 우리 사회에 외동아이가 많아진다는 것으로, 맞벌이 가구의 49.4%가 한 명의 자녀를 두고 있다는 2017년도의 통계 결과는 이런 현상을 뒷받침해 주는 결과이지요.

"외동아이는 매우 이기적이고, 자기중심적일 거야!" "외동은 너무 나약하고, 경쟁심도 부족해, 외로워서 삶이 우울할 거야!" 이처럼 우리는 외동에 대한 무수한 걱정과 편견을 가지고 있습니다. 그래서 누군가 자녀가 한 명이라고 하면, "애가 어른이 되면 형제가 없다고 엄마를 원망할 텐데…" "자녀가 하나면 남을 배려할 줄 모른다고 하더라." "애가 얼마나 외롭겠니! 한 명 더 낳아라!"라며 볼멘소리를 덧붙입니다.

사실, 외동아이에게 나타날 수 있는 대표적인 부정적 특성은 의존성과 자기중심성입니다. 이들은 부모, 즉 어른들로만 둘러싸인 환경에서 성장하기 때문에 주변에 경쟁할 다른 아이들이 존재하지 않습니다. 그래서 형제자매들과 협동하거나 분배하는 것을 배우기 어려워 자기중심적인 행동이 나타날 수 있습니다. 또한, 외동은 무대의 중심에서 다른 사람들의 관심을 독차지하는 것을 즐기며, 주변 사람들의 관심을 받는 것을 당연하게 생각하는 경향도 있습니다. 이런 경향성은 외동아이들이 의존적이거나 이기적인 성격을 형성하는 바탕이 되기도 합니다.

하지만 최근 연구에 의하면 외동아이에 대한 무궁무진한 잠재력과 그들의 긍정적 측면을 부각시키는 결과들이 보고되고 있습니다. 텍사스 대학 토니 팔보 교수팀이 리더십, 성숙도, 유연성, 안정성 등 16가지 항목에 대해 외동아이와 형제가 있는 아이를 비교 분석한 결과, 두 그룹 간의 차이가 발견되지 않았고, 성취동기와 자존감 측면에서는 오히려 외동아이의 점수가 더 높은 것으로 나타났습니다.

저널리스트 L. 샌들러는 2010년의 이런 결과를 바탕으로 미국 시사주간지인 타임즈에 외동아이에 대한 고정관념이 얼마나 잘못됐는지를 밝혀 사회에 큰 반향을 일으키기도 했지요. 메이지대 교수인 모로토미 요시히코는 외동아이에 대한 부정적인 이미지는 전혀 근거가 없다고 주장하며, 오히려 외동아이들은 부모의 사랑을 독점하기 때문에 사랑받고 있다는 자기확신이 있어서, 어려움이나 고통을 이겨낼 수 있는 회복력이 강하다고 설명했습니다.

외동아이가 받는 가장 큰 혜택은 바로 부모의 사랑을 충분히 경험한다는 겁니다. 맏이는 부모의 사랑을 독차지하다가 동생이 태어남으로써 빼앗겨버리는 일명 "폐위된 왕"으로 살아가지만, 외동아이는 이에 비하면 "폐위되지 않은 왕"이라 할 수 있죠. 이런 풍성한 부모사랑은 그들의 내면을 더욱 단단하게 만들 수 있는 원동력이며, 사랑을 바탕으로 잘 양육 되어질 때 그 누구보다 높은 사회성과 높은 자존감을 가진 건강한 성인으로 성장할 수 있는 것입니다.

형제의 숫자가 중요한 것이 아니라 관계의 질이 더욱 중요합니다. 주님의 은혜 가운데 잘 성장한 외동아이는 그야말로 '강력한 사랑의 전달자'가 될 수 있는 하나님의 귀한 선물입니다.

공감이 먼저입니다!

"

수진(가명)이는 중학생이 되면서 아빠와 다투는 일이 많아졌습니다. 엄마가 돌아가신 후부터 자연스레 집안일을 맡게 된 수진이는 한창 놀고 게으름 부리고 싶은 때인지 빨래며, 청소며, 동생 밥을 챙겨주는 일이 버겁게만 느껴졌습니다. 동생에게는 아무것도 시키지 않고 자기만 부려먹는 아빠가 미웠습니다.

아빠가 퇴근하신 후 화를 내거나 잔소리를 하면 툴툴대면서도 말 잘 들었던 딸이었지만, 언제 부턴가 아빠가 다그칠 때마다 수진이는 가만히 있지 않고 화를 내거나 서럽게 울었습니다. 그럴수록 아빠는 수진이를 더 강하게 몰아쳤습니다. "너가 하는 일이 뭐가 그리 많냐! 10분만 내서 청소하면 방이 깨끗해지겠다. 그 정도도 못하니? 빨래는 세탁기가 하는 거지! 그게 뭐 그리 힘들다고 이 난리를 치냐! 이제

부터 내 딸 하지마!" 아버지는 폭언을 쏟아냈고, 수진이는 그런 말을 들을 때마다 서럽고 화만 났습니다.

태영(가명)이는 엄마와 대화할 때마다 숨이 턱턱 막힌다고 합니다. 자신이 잘못한 것도 많지만 엄마 말을 듣다보면 억울함이 커져서 마음이 답답할 뿐이랍니다. 엄마는 매사에 매같은 눈으로 태영이 잘못을 지적하고 그 책임을 물었습니다. "니가 할 일을 다하고 게임을 해야지! 이건 순전히 니 잘못이야!" "이렇게 필요 없는 걸 요구하다니! 넌 어쩜 그런 생각밖에 못하니?" "앞으로 또 엄마 말을 안 들으면, 이젠 같이 살 이유조차 없어." "이 모든 건 순전히 니 잘못이야!"

늘 일방적으로 지적받아왔던 태영이는 이제 무기력해진 모습으로 그저 엄마 말을 귀로만 듣고 억지로 따라 줄 뿐이었습니다. 그럴수록 엄마의 잔소리는 점점 더 심해졌고, 태영이는 그런 엄마에게서 점점 더 멀어져갔습니다.

36년 동안 부부관계를 연구해 온 가트맨 박사는 부부가 이혼에 이르게 되는 진짜 이유는 성격차이 때문이 아니라, 부부 사이의 의사소통 방식에 문제가 있기 때문이라는 연구결과를 보고했습니다. 그리고 부부사이의 대화방식을 관찰해보면, 향후 이혼여부를 90%까지 예측할 수 있다고 확신했습니다. 그러면서 남편과 아내가 절대 하지 말아야 할 의사소통 방식 네 가지를 소개했습니다. 그것은 '비난, 경멸, 담쌓기, 방어'입니다.

가트맨 박사는 이 네 가지 의사소통방식을 '독'에 비유하면서 부부관계를 파멸시키는 주요인이라고 했습니다. 그런데 관계를 파멸시키는 이 네 가지 독은 비단 부부관계에서만이 아니라, 부모와 자녀사이에서도 매우 잘 나타납니다. 많은 부모들이 자녀와 갈등할 때 아이를 비난하거나 경멸합니다. 또한 많은 자녀들은 자기가 잘못했음에도 불구하고 지나치게 방어하거나 부모로부터 마음의 담을 높이 쌓아버립니다. 그런데 이들의 숨겨진 진심을 가만히 살펴보면 드러내고 있는 말이나 행동과는 너무나 다르다는 것을 알 수 있죠.

사실, 엄마의 진심은 사랑하는 자녀를 걱정하는 마음이고, 자녀는 그런 엄마의 힘겨움을 이해하는 마음이 더 크다는 것입니다. "너는 게임만 하는 폐인이야!"라는 엄마의 비난하는 말속에는 "사랑하는 내 아들이 게임중독자가 될까 봐 너무 걱정된단다."라는 말이 숨겨져 있는 것이고, 소리치며 방문을 '쾅!' 닫아버리는 아이들의 행동 속에는 엄마에게 미안한 마음이 고스란히 녹아져 있습니다.

비난하고 방어하며 서로 악순환되고 있는 대화의 방식을 바꾸어 이제 서로의 진심을 표현해야 합니다. 부모가 자녀의 힘겨움을 공감하고 상황을 이해해줄 때, 자녀는 합리적인 사고가 가능해집니다. 그리고 지나친 방어나 담쌓기를 포기하게 됩니다. 이젠 용기내어 진심을 표현하세요. 무엇보다 공감이 먼저입니다!

"갑자기 숨이 턱 막히면서 죽을 것 같은 거예요.

누가 내 목을 조르는 것도 아닌데…

숨을 쉴 수가 없었어요."

Part 4

갑자기 엄습하는 강렬한 불안

삶이 너무 무기력하고 우울해요

"아이가 집 밖은 고사하고 방에서 거실로도 나오질 않아요. 하루 종일 침대에 누워있거나 핸드폰만 보는데 제가 다그치면 싸움만 날 뿐입니다. 이젠 학교도 가기 싫다는데 이러다가 큰일 날 것 같아 걱정이에요. 제가 어떻게 하면 좋을까요?"

중2학년 다운(가명)이 어머니는 방에만 틀어박혀 있는 딸을 데리고 상담실에 오셨습니다. 딸이 6학년 때부터 힘들었다고 했는데 지금도 학교에서 돌아오면 방에서 무기력하게 누워만 있다고 합니다. 화를 내고 얼러보기도 했지만 싸움만 커질 뿐 변화는 찾아오지 않았습니다. 급기야 괴로워서 미쳐버릴 것 같다며 정신과 병원에 입원시켜달라는 아이를 데리고 상담실 문을 두드렸습니다.

다운이는 조용한 성격이었지만 친구들과 곧잘 어울릴 줄 아는 아이였습니다. 그런데 6학년이 되면서 친하던 친구무리에서 떨어져 혼자 다른 반이 되는 바람에 친구관계에 문제가 생겼다고 합니다. 초반에는 새로운 친구들과 사귀는 것 같더니 언제부턴가 그 애들이 자기들끼리 똘똘 뭉쳐 다녀 다운이는 왕따 당하는 기분이 되고 말았습니다. 친구무리에서 홀로 소외당하는 것 같은 어색한 관계 속에서 아무렇지도 않은 것처럼 그들 사이에 끼어들어 가려고 노력해 보았지만 친구들의 냉랭한 반응을 견디는 것은 그리 쉬운 일이 아니었습니다. 교실에서 그 애들을 보는 것 자체가 큰 고통이었다고 합니다.

안 보려 애를 써보았지만 계속 신경쓰이고 다른 친구들도 모두 자기를 이상하게 보는 것 같아 불편했습니다. 화나고 억울한 마음이었지만 감정표현에 서툴렀던 다운이는 아무런 대응조차 하질 못했습니다. 그저 속으로 끙끙 앓을 뿐이었지요. 집에 돌아오면 서럽고 걱정되는 마음에 침대에 누워 눈물만 흘렸습니다. 핸드폰은 그냥 쳐다보는 것이지 무엇을 보겠다는 목적이 있는 것도 아닙니다. 학교에 등교하는 순간부터 하교하는 시간까지 다운이 마음은 그야말로 활활 타오르는 불에 살라지는 것 같은 기분이었습니다. 매일 그리고 하루 종일 힘든 마음을 견뎌야 하는 순간들은 정말이지 고통 그 자체였습니다.

딸의 모습을 걱정스럽게 지켜보던 어머니는 더 이상 내버려 두면 안 될 것 같아 무슨 일인지 묻기도 하고 방에서 나오라고 다그치며 화를 내기도 했습니다. 그런데 그럴수록 아이와 멀어질 뿐 다운이의 무기력증은 갈수록 심각해졌다고 합니다. 방에서 나오지 않는 시간은 더 길어졌고 마음은 즐겁기보다 슬픈 감정으로 가득 찼습니다. 무기력하고 우울한 감정은 지금까지도 지속되어 본인뿐 아니라 지켜보는 가족들도 지칠대로 지쳐있습니다.

다운이의 정서상태는 우울감이라기보다 우울증에 가깝습니다. 우울감은 힘들 때 누구나 경험하는 감정으로 벗어나기 위해 노력하면 스스로 통제하거나 조절할 수 있는 감정상태지만, 우울감의 강도가 매우 높고 지속기간이 길어지면 스스로 통제하기 어려운 우울증이 됩니다. 즉, 우울감이 2년 이상 지속되면 만성화된 것으로 여겨 이를 우울감 정도가 아니라 '지속성 우울장애'로 진단되는 것이지요. 이런 면에서 우울감과 우울증은 완전히 구별되어야 할 다른 상태입니다.

우울증을 지닌 사람들은 집 밖으로 나오는 것 자체를 힘들어하기 때문에 치료하기 위해 상담실로 나오는 것조차 성공을 보장하기 어려운 힘든 숙제입니다. 나오질 못해서 치료를 시도할 수 없는 환자들이 상당히 많기 때문이죠. 다운이는 우울감을 혼자 감당하기 어려운 상태였기에 정확한 진단을 받은 후 현재는 병원치료와 상담치료를 병행하여 호전되고 있습니다.

가장 많은 사람들이 고통받고 있는 정신장애의 하나인 우울증. 이 우울증은 슬픔, 공허감, 짜증스런 기분, 그리고 그에 수반되는 신체적, 인지적 증상으로 개인의 기능이 현저히 저하되는 부적응 증상이라 정의할 수 있습니다.

고통과 슬픔으로 내면이 아우성치고 있는 청소년들이 외부로부터 심각한 환경적 어려움을 만날 때, 그것을 감당하기 어려운 상태가 되면 쉽게 우울증에 빠져들 수 있습니다. 왜냐하면 청소년기는 발달과정에서 정서적으로 매우 취약한 상태이기 때문입니다.

우리 부모들은 "청소년기 우울증"을 어떻게 이해해야하고 절망에 빠진 아이들을 어떻게 도와줄 수 있을지 알아야 합니다. 힘든 시기를 보내고 있는 청소년들, 이들의 현재가 괴롭고 다가올 미래도 두려워진다면 그 고통이 우울증으로 심화되지 않도록 아이들의 마음을 깊이 들여다보아야 합니다.

청소년기 우울증

,,

우울증은 가장 많은 사람들이 고통받는 정신장애입니다. 평생 유병률이 여성은 최고 25%, 남성은 최고 12%로 보고되어 있는 만큼, 이젠 우리 주변에서도 흔히 볼 수 있는 진단명이 됐습니다. 우울증의 평균 발병연령은 20대 중반이라고 하는데, 여기서 우리가 놓치지 말아야 할 중요한 부분이 청소년 시기에 우울증이 급증한다는 사실입니다. 청소년을 대상으로 조사해본 결과 약 20%의 청소년들이 이미 우울증을 경험했다고 보고되어 있습니다.

우울증의 원인은 다양하지만 크게 세 가지 요인으로 설명합니다. 커다란 좌절감을 안겨준 충격적인 사건이 원인이 됐거나, 일상생활에서 자주 겪는 사소한 부정적인 생활사건들이 누적되면서 우울장애를 일으킬 수 있습니다. 그리고 사회적 지지가 결여되면 정서적인 안정감과 자존감이 서서히 잠식되면서 우울증이 촉발될 수 있습니다.

청소년들은 기본적으로 불안정한 심리적 특성을 지니고 있기에 일상생활에서 일시적인 침체감이나 우울감은 누구나 경험하는 것입니다. 하지만 우울상태가 지나치게 강하고 저조한 기분이 오래 지속되면, 누구나 겪는 우울감이 아니라 병리적 상태인 우울증으로 이어지니, 부모와 교사의 세심한 관찰이 필요합니다.

많은 청소년들이 우울감의 원인으로 가정불화나 친구문제, 진로 고민 등 다양한 어려움을 호소합니다. 하지만 아이들이 가장 힘들어하는 것은 한 가지 문제에 그치는 것이 아니라, 여러 어려운 일이 겹치면서 그 문제를 해결할 능력이 없을 때, 절망하고 무기력에 빠져듭니다.

지연(가명)이는 새로운 학년을 시작하면서 친했던 친구들과 떨어져 홀로 다른 반이 됐습니다. 새 학년이지만 이미 끼리끼리의 친한 무리가 형성되어 있었고, 자신은 새 친구를 만들었던 경험이 별로 없어서 친구를 사귀지 못한 채 홀로 위축된 학교생활을 해야 했습니다. 친구 없이 지내는 학교에서의 시간은 견디는 것 자체가 고통이었다고 합니다. 그런데 지칠대로 지친 마음으로 돌아온 집에서도, 맘 편히 쉬거나 위로받지 못한 채 부모님의 격렬한 싸움을 보아야 했습니다. 지연이는 학교나 집 어느 곳 하나 해결할 수 없는 문제들 앞에서 절망했습니다.

승훈(가명)이 어머니는 매우 강압적이고 통제적인 분이셨습니다.

이런 성향은 자녀를 양육하는 데에도 고스란히 드러났습니다. 정해진 규칙은 완벽히 준수해야 했고, 실수하거나 거슬리는 행동을 하면 엄마의 거센 비난과 벌이 뒤따랐습니다. 중학생이 되어서도 초등학생 때처럼 군말없이 따라야 했던 승훈이는 엄마의 강압적 태도에 숨이 막힐 정도였습니다. 하지만 자신의 요구가 받아들여진 경험이 없었기에, 자기가 바라는 어떠한 생각이나 주장도 전혀 드러내질 못했습니다. 그저 무력하게 엄마의 지시만 수동적으로 따를 뿐이었죠. 스스로 해결할 수 없는 고통을 지속적으로 경험하다보면, 변화시킬 수 있는 상황에 놓이더라도 아무런 노력을 하지 않는 무기력 상태가 되어버립니다. 이것을 '학습된 무력감'이라고 합니다. 피할 수 있는 상황일지라도 피하려는 어떠한 시도조차 하지 않는 상태인 것이지요.

'청소년 우울증'은 성인의 우울증과는 다소 다른 면이 있습니다. 청소년 우울증은 우울과 관련된 정서, 즉 슬픔이나 절망감, 무기력, 기분저하 등 우울한 감정상태로 표현되는 것이 아니라, 우울감과는 다른 모습으로 위장되어 나타나는 경우가 많기 때문입니다. 그래서 주변 사람들은 아이가 우울증이라는 것을 눈치채기가 어렵습니다. 사실상 우울한 상태임에도 겉으로는 화를 내거나 과한 행동을 한다든지 혹은 공격성을 보이는 등 우울한 것과는 전혀 다른 모습으로 나타나 우울증을 의심하기 어려운 것이죠. 그래서 청소년들의 우울증을 '가면 우울증'이라고 부르기도 합니다.

또 청소년들은 감정을 표현하는 방법이 미숙해서 폭식이나 식사 거부 등 섭식장애를 동반하는 경우가 많습니다. 그래서 아이들의 행동과 상황을 관찰할 수 있는 부모의 세심함이 필요합니다. 신경질이 늘어가고 반항하는 행동을 하고 짜증이 늘고 집중하지 못하는 평소와 다른 이상행동이 감지된다면, 이것은 도와달라는 아이들의 신호일 수 있습니다.

또 음식을 안 먹거나 폭식하는 행동, 말이 느리고 무기력해 보이면, 마음에 어떤 문제가 있는 것은 아닌지 살펴보아야 합니다. 이들의 이상행동은 공감적 대화를 요구하는 신호일 수 있기 때문입니다.

사람들의 시선에서 벗어나고 싶어요!

"

은지(가명)는 감성이 풍부하고 똑똑한 여중생이었습니다. 초등학생 때는 활발하고 주도적인 성격이었는데, 중학생이 되면서 성격이 바뀐 건지 지나치게 조용한 태도가 걱정스러워 상담을 시작했습니다. 은지는 최근 학교에서 일어난 일을 들려주었는데, 친구들이 자기를 보는 시선이 무척 두렵다는 겁니다. 다른 사람들이 자기를 좋지 않게 평가할까봐 걱정하고 있었는데, 불안해하는 자기모습을 친구들한테 들킬까 더 불안해진다고 했습니다.

"가까운 친구가 생기면 언젠가는 내가 실수하는 걸 보게 될 거잖아요. 그러면 그 친구는 나를 나쁘게 평가할 것이고… 그래서 아예 친구를 만들지 않는 게 훨씬 나아요." "밖에 나가면 모르는 사람들이 쳐다보는데 그 눈들이 날 나쁘게 평가하는 시선으로 느껴져요." "그래서 밖에 나가기가 무서워요."

은지는 다른 사람에게 관찰되고 평가될 수 있는 상황에서 현저한 공포와 불안을 느끼고 있었습니다. 이런 행동적 특성은 다른 사람과 상호작용하는 사회적 상황이 두렵게 느껴져 회피하는 현상으로, 이를 '사회불안장애'의 경향성이라고 합니다.

은지는 사람들의 시선이 무섭다며 예전에 겪은 이야기를 들려주었습니다. 오랫동안 친하게 지내오던 친구가 다른 친구들에게 자기 뒷담화를 하고 다닌다는 소문을 듣게 됐던 겁니다. '믿었던 사람이 내 욕을 하고 다닌다⋯' 친구에게 배신감을 느낀 은지는 사람의 단점만 꼭 집어서 찾아내는 사람들이 미워졌습니다. 반 아이들이 모여서 대화하고 있는 장면을 보면, '혹시 내 얘길 하는 건 아닐까?' 의심스러웠습니다. 그때부터 주변 사람들이 자신을 나쁘게 평가할 것 같은 생각에 시달리면서 사람들의 시선이 무서워졌다고 합니다.

사회불안장애를 지닌 사람들은 주변 사람들의 시선이 자기에게 집중되는 것 같은 '자기초점적 주의'가 나타납니다. 그래서 불안해하는 자신을 자기가 직접 관찰하며 더욱 불안해합니다. 또한 이들은 타인의 눈에 비친 자신의 모습을 지나치게 부정적으로 인식할 뿐 아니라, 긍정적인 사건에 대해서도 부정적으로 해석하려는 편향성을 지닙니다. 걱정스런 생각에 사로잡히면 그 생각에 몰입되어 점점 더 부정적인 결과로 치닫게 되는데, 이런 생각을 '파국적 사고'라고 하죠.

사회불안장애는 이렇게 사람 만나는 상황을 두려워하기 때문에

'사회공포증'이라고도 불립니다. 보통 수줍고 내성적인 아동기를 보낸 10대 중반의 청소년에게 시작되는 경우가 많고, 만성적인 경과를 거쳐 점차 심해지는 경향을 보이는 것으로 알려져 있습니다. 작은 걱정으로 시작된 생각에 머물다 보면 여지없이 파국적인 사고로 이어지기 때문에, 생각이 머물지 않도록 사고를 중지하는 것이 좋은 대처법이기도 합니다.

이들의 취약점은 자아가 약하다는 것입니다. 그래서 외부의 공격이나 상처를 견디거나 소화하질 못하고 혼란에 빠져들기 쉽습니다. 자신은 사랑받을만한 존재이며 스스로 가치롭게 여기는 마음은 혼자 훈련해서 형성되는 것이 아니라, 부모와의 관계를 통해 형성되는 것입니다. 감정을 이해받고 위로받는 경험, 그리고 힘들 때마다 부모로부터 도움받았던 경험이 차곡차곡 쌓여, 자신에 대한 긍정적 이미지를 만듭니다.

자신에 대한 평가는 어릴 때부터 경험한 부모-자녀의 관계에 지대한 영향을 받게 되는 거지요. 아이들이 외부의 평가에 휘둘리지 않는 힘있고 긍정적인 사람으로 성장하길 원한다면, 부모는 아이의 존재 자체가 얼마나 귀한지 자신에 대한 소중함을 알게 해주어야 합니다.

타인의 평가적 시선이 우리 내면을 사로잡기보다 우리가 최고의 걸작품으로 만들어졌음을 깨달을 수 있도록 양육한다면 자신에 대한 당당함을 회복할 수 있습니다.

부모는 아이들의 존재가 우리 삶에 얼마나 큰 기쁨을 주는지 자녀에게 알려주어야 합니다. 자녀는 우리 삶에 생명을 불어넣어주는 사랑스런 존재라는 것을요.

갑자기 엄습하는 강렬한 불안 1

"

"갑자기 숨이 턱 막히면서 죽을 것 같은 거예요. 누가 내 목을 조르는 것도 아닌데, 숨을 쉴 수가 없었어요. 이게 선생님이 말한 공황발작같은 건가요?"

연서(가명)는 학교나 일상생활에서 스트레스가 생겨 기분이 좋지 않을 때, 그 감정을 드러내거나 표현하는 것이 어려웠습니다. 친구 때문에 속상할 때는 괜찮은 척했고, 억울하거나 화가 치밀어도 대들지 않았으며, 기분 나쁜 상황에서도 잘 표내지 않고 연신 웃기만 하는 친구였습니다. 그래서 주변 사람들은 잘 웃는 아이라 부른답니다. 그런데 정작 연서 마음은 웃는 표정과는 달리 속상하고 슬펐으며, 외롭고 괴로웠습니다. 좋지 않은 감정상태 인데 겉으론 늘 웃는 아이였던 거죠. 마음속에 이런 감정을 감추며 혼자 감내하던 연서는 항상 마음이 힘들었다고 합니다.

감정은 표현되지 않으면 해결하기 어렵습니다. "너의 마음을 드러내지 않는 이유는 뭘까?"라고 물었더니 "다른 사람이 나 때문에 힘들어지는 게 싫어요. 그러면 너무 미안하잖아요."라고 말했습니다.

다른 사람에게 자기감정을 잘 드러내지 못하는 사람들이 있습니다. 타인을 지나치게 배려하기 때문일 수 있고, '상대방 반응은 반드시 이럴 거야.'라고 단정짓는 태도일 수 있습니다. 그리고 관계가 나빠질까봐 걱정하는 두려움일 수 있고, 감정표현이 서툰 고착화된 성격 특성일 수 있습니다.

감정 특히, 부정적인 감정은 표현되지 않으면 사라지지 않습니다. 표현되어야 해결할 수 있는 것입니다. 감정을 표현하지 못하고 그냥 억누르거나 참고 참으면 어떻게 될까요? 한두 번은 괜찮은 것처럼 지나갈 수 있습니다. 하지만 해결되지 못한 억눌린 감정은 단단히 뭉쳐진 에너지가 되어 다양한 증상으로 나타납니다. 어떤 사람들은 몸이 아픈 것으로 또 어떤 사람들은 타인을 비난하는 것으로 드러나고 다른 사람들은 자기를 괴롭히거나 화를 폭발시키는 등 다양한 증상으로 나타납니다. 부정적 감정을 지속적으로 잘 다루어내지 못하면 다양한 병리적 증상으로 연결됩니다.

친구관계를 힘들어했던 연서는 어느 순간 갑자기 찾아온 감당하기 어려운 정서적 문제로 고통스러웠습니다. 숨을 쉴 수 없을 정도로 급작스럽게 조여지는 가슴 답답함. 쿵닥쿵닥 진정되지 않는 가슴 속 울림. 당장이라도 죽어버릴 것 같은 공포감에 빠져드는 심각한 정서적 고통을 경험했습니다. 숨이 막힐 듯 밀려오는 답답함과 두려움은 정신줄을 놓아버리고 싶을 정도로 극한의 감정적 공포였다고 합니다.

지연(가명)이는 연서와 달리 상당히 주도적이고 적극적인 성격의 소유자입니다. 컨디션이 좋을 때는 에너지가 넘쳐 친구들 사이에서 무척 활발하고 공공의 일에 리더십을 발휘하는 인물로 친구들과 선생님의 칭찬을 독차지하는 아이였습니다. 그런데 학교에서 친구들과 사소한 문제로 시작됐던 의견충돌이 점점 커지면서 사람들로부터 외면당하는 상처를 경험하게 된 거죠. 화가 치민 지연이는 걷잡을 수 없이 화를 표출하는 태도로 학교에 문제를 일으켰고, 자기 마음을 이해해주지 못하는 엄마에게 대들다가 가족 간에 큰 싸움이 벌어졌습니다. 밤이 되면 혼자 힘든 감정을 주체하기 어려워 폭발해버릴 것 같은 극도의 흥분상태가 됐는데 화가 커지면 근육이 마비되는 것 같은 증상이 생겨 무섭고 괴로웠다고 합니다. 언제 또 이런 증상이 나타날까 항상 두려워하고 있습니다. 갑자기 휘몰아치는 높은 불안감, 죽을 것 같은 무서운 공포감, 근육이 마비되는 이상현상 등 혼자 감당하기 어려운 극심한 스트레스는 지연이에게 지옥 그 자체로 느껴졌습니다.

'갑자기 엄습하는 강렬한 불안과 죽음에 대한 공포' 이런 증상을 한마디로 표현한다면 '공황발작'이라 합니다. 공황발작 증상은 '공황장애'를 대표하는 증상입니다. 공황장애를 진단하는 구체적 기준들이 있지만 강렬한 불안과 죽을 것 같은 공포를 느끼고, 이런 증상을 두려워하는 정신적 경향성을 공황장애라 설명하는 것이죠.

연서와 지연이는 서로 다른 상황에서 서로 다른 양상의 고통을 느꼈지만, 예상치 못한 상황에서 갑작스럽게 밀려드는 죽을 것 같은 공포와 높은 불안감은 대표적인 공황장애의 증상이라 할 수 있습니다.

이 장애는 최근 많은 연예인들이 진단받고 있어서 '연예인 병'이라고 불리기도 합니다. 사람들에게 알려지면서 연예인뿐 아니라 주변의 많은 사람들도 이 정서적 장애를 겪고 있음을 알게 됐습니다.

자녀가 정서적으로 극심한 불안과 죽음의 공포를 느끼며 두려워할 때 공황장애에 대해 잘 알지 못한다면 아이들을 어떻게 다루고 도와야 할지 난감할 수밖에 없습니다. 누구나 맞닥뜨릴 수 있는 극심한 정서장애에 대한 이해와 바람직한 대처법을 아는 것은 지혜로운 부모로서의 길잡이가 될 것입니다.

갑자기 엄습하는 강렬한 불안 2

"

"선생님, 어젯밤에 또 숨을 제대로 쉴 수가 없었어요. 진짜 죽을
것 같은 거예요. 가르쳐 주신 호흡을 하면서 가라앉히려 해봤는
데, 또 언제 다시 이럴지 너무 무섭고 두려워요."

공황장애는 갑자기 엄습하는 강렬한 불안 즉, 공황발작을 반복적
으로 경험하는 장애입니다. 예상치 못한 장소에서 갑작스럽게 밀려드
는 극심한 공포를 경험하는 것으로, 죽을 수 있다는 강도 높은 불안
감이 반복됩니다.

정신장애 진단기준을 체계화한 DSM-5에 의하면, 이 장애를 진
단하기 위해서는 갑작스럽게 치솟는 강렬한 공포와 그와 관련한 기
준인 13개 항목 중 4개 이상의 증상이 나타나야 합니다. 그리고 죽을

것같은 공포가 또다시 발생할 수 있다는 두려움 때문에 비슷한 상황을 피하려 무척 노력하는 행동도 뒤따라야 합니다.

공황장애는 모든 연령층에 나타날 수 있지만, 청년기에 주로 발병하며 평균 발병연령은 25세인 것으로 알려져 있습니다. 이 장애가 발생하는 원인은 다양해서 명확히 어떤 것 때문이라고 규정할 순 없지만, 극심한 불안증상과 여러 신체증상을 수반하는 불안장애로, 사람마다 나타나는 증상과 불안을 탐색해서 그에 맞는 치료법을 찾아야 합니다. 하지만 공황장애는 신체적 이상이나 문제에 기인하는 것이 아니라, 심리적 원인에 의한 것이기 때문에 개인의 취약함과 심리적 문제를 살펴보아야만 효과적인 치료가 가능합니다.

공황장애를 호소하는 사람들은 깊은 호흡을 빨리하는 경향이 있습니다. 이것은 과잉호흡이 공황발작 증상에 영향을 미친다는 것으로, 사람이 과도한 호흡을 급작스럽게 하면 숨을 쉴 수 없을 것 같은 공포를 느낄 수 있다는 것이지요. 과호흡을 '마치 죽을 것 같은 공포감'으로 잘못 해석하는 데서 오는 불안감이라는 겁니다.

이런 해석은 공황발작이 신체의 감각을 위험한 것으로 잘못 인지하는 '파국적 오해석'에 의해 유발된다는 인지적 접근입니다. 그래서 공황장애를 치료하기 위해서는 이들의 인지적 오해석을 다루어야 하는 것이죠. 치료현장에서는 이들에게 실제로 과잉호흡을 유발시켜, 작은 공황발작을 느낄 수 있도록 자극합니다. 이런 경험은 과잉호흡은 자연스러운 현상이며 충분히 벗어날 수 있는 것임을 체험하게 하는 효과가 있습니다. 단지 호흡이 과잉되는 것일 뿐, 생명에는 아무 지장이 없음을 훈련하는 치료법이죠. 호흡이 부드러워지면 죽음의 공포는 없어지기 때문에 복식호흡이나 긴장이완법을 훈련시켜 스스로 안정감을 찾게 되면 공황발작의 공포로부터 벗어날 수 있습니다.

그리고 신체증상을 죽음으로 연결시키는 파국적 오해석을 방지하기 위해, 호흡과잉이 죽음과 직접적인 상관이 없음을 이해할 수 있도록 가르쳐야 합니다. 그러므로 급작스럽고 극심한 공포를 느끼게 하는 공황장애를 치료하기 위해서는, 안정감을 찾고 왜곡된 인지가 변화될 수 있도록 심리치료가 필요한 것이지요. 또한 증상의 정도에 따라 약물치료를 병행하는 것도 가장 효과적인 치료법이라 할 수 있습니다.

공황장애는 넓은 의미에서 불안장애의 일종입니다. 불안은 누구나 경험하는 보편적인 감정이지만, 불안이 지나쳐서 스스로 통제하기 어렵고 일상에 지장을 초래한다면 도움이 필요하다는 신호임을 알아야 합니다. 불안이 차곡차곡 쌓여 그 크기가 커지거나 감당하기 힘든 불안을 한꺼번에 느낄 때, 우리는 지혜롭게 그 불안을 다루어야 합니다.

현대 사람들은 불안에 상당히 취약합니다. 불안을 느끼게 하는 원인도 다양하죠. 작은 걱정이 불안이 되고, 불안감이 지속되어 슬픔에 빠지며, 슬픈 감정이 아무것도 할 수 없는 무기력으로 이끌어 갑니다. 이처럼 높은 불안은 깊은 절망으로 이어질 수 있지요.

돈, 가족, 과거, 미래 그리고 현재, 우리 삶은 마치 걱정과 불안을 해소하기 위해 노력하는 시간의 연속인 것만 같습니다. 열심히 노력해서 좋은 성과를 이루었어도 또다시 찾아올 미래를 더욱 불안해하니까요.

우리는 늘 불안과 함께 있지만, 불안 속에서도 편안한 안정감을 맛보아야 합니다. 지금 여기까지 온 현재를 감사하고, 미래엔 가장 좋은 길이 열릴 것이라는 믿음을 소유하는 것은, 곁에 있는 불안을 다루는 최상의 방법이며 지혜입니다.

오래도록 서서히 발전해 단단히 굳어지는 성격은

청소년기를 보내며 그 모습을 드러냅니다.

자녀의 평생 성격이 자신과 타인에게 고통스럽지 않도록

부모는 자녀의 성격 형성 과정을 알아야 해요.

Part 5

성격장애

성격장애

"

성격이란 무엇일까요? '성격'이라는 단어는 일상 속에서 자주 통용되는 말입니다. 남녀가 사랑해서 결혼하지만 서로 갈등이 심해지면 우리는 곧잘 "성격이 안 맞아!"라고 하죠. 우리나라 이혼가정의 이혼 사유별 순위를 조사해보면, 지속적으로 1위를 차지하는 것이 바로 '성격 차이'라고 합니다. 어떤 사람이 자주 화를 내거나 짜증이 많으면 "쟤는 성격이 안 좋다."라고 생각하고, 누군가 잘 웃거나 착한 모습을 보면 "성격이 참 좋구나."라며 칭찬합니다. 그만큼 한 사람의 성격은 자신은 물론 가까운 사람들에게 영향을 주고 직장이나 학교생활 등 다양한 대인관계에 직접적인 영향을 미치는 요인입니다.

성격을 한마디로 정의하기란 쉽지 않습니다. 하지만 학자들마다 주장하는 다양한 견해의 공통점을 모아보면 '성격은 한 개인을 특징

짓는 지속적이고 일관된 행동양식'이라 정의할 수 있습니다. 한 사람의 성격을 파악하는 방법은 그 사람의 행동을 보고 알 수 있듯 성격은 행동으로 드러난다고 볼 수 있죠. 하지만 겉으로 드러나는 행동뿐 아니라 그 사람의 인지적인 측면과 정서적 측면을 모두 포괄하는 영역이 바로 성격입니다.

우리는 자신이 가진 고유한 성격으로 생각하고 어떠한 상태에서 비슷한 감정을 느끼며 그에 따라 즉각적인 선택을 하고 또 행동하는 것이죠. 그래서 한 사람이 자신만의 고유한 성격을 형성하게 되면 그 성격이 그 사람의 생각과 정서, 대인관계 등 인생 전반에 영향을 미치게 되는 것입니다. 그만큼 성격은 우리 인생에서 떼려야 뗄 수 없는 매우 중요한 것입니다.

그렇다면 이 중요한 성격은 과연 어떻게 형성되는 것일까요? 우선 타고난 기질이 성격형성에 영향을 미칩니다. 기질은 '날 때부터 아이가 타고난 것'으로 변화할 수 있는 성질의 것이 아닙니다. 아이들은 저마다 서로 다른 기질을 타고나는 것이죠. 그러므로 기질은 받아들이고 이해해야 할 영역입니다. 그런데 성격이 형성될 때 기질보다 더 많은 영향을 미치는 것이 있습니다. 그것은 '부모의 양육태도'입니다. 어린 시절부터 서서히 발전해 성인이 되어 성격으로 굳어지는데, 아이는 부모와의 관계를 통해 다양한 경험을 하며 자기만의 독특한 성격을 형성해 가는 것이죠. 부모와의 관계 경험, 즉 부모에 의해 길러지는 과정이 자녀의 성격형성에 큰 영향을 미치는 것입니다. 이런 의미에서 성격은 타고난 것과 길러지는 것의 총합이라 할 수 있습니다.

자녀의 성격에 지대한 영향을 미치는 존재가 바로 부모이기 때문에 '부모역할'은 자녀의 인생에 매우 중요한 것임을 강조하지 않을 수 없습니다. 부모는 자녀의 행동, 정서, 신념, 대인관계, 사회적 기술 등 다양한 영역에서 전 생애를 걸쳐 영향 미치는 매우 중요한 사람입니다.

신경증이나 정신장애는 비교적 현실에 잘 적응하던 사람이 어떤 부정적인 사건이 계기가 되어 발생하는 경우가 대부분입니다. 하지만 '성격장애'는 성격특성 자체가 독특해서 부적응적인 삶이 지속되는 현상입니다. 즉, 부적응적인 행동이 자신의 성격으로 굳어져 만성화된 상태라는 것이죠. 그런데 이 성격장애는 어린 시절부터 서서히 성격으로 굳어진 것이기 때문에 쉽게 변화되기가 어렵다는 문제점이 있습니다.

DSM-5(정신장애 분류체계)에 의하면 성격장애로 진단되기 위한 4가지 조건이 있는데, 첫째는 그 사람의 행동양식이 사회의 기대로부터 심하게 벗어나야 하고, 둘째는 고정된 행동양식이 개인생활과 사회전반에 넓게 퍼져 있어야 하며, 셋째는 그 행동 때문에 생활 전반에서 심각한 고통이나 기능장애가 초래되어야 합니다. 그리고 넷째는 부적응 행동양식이 오래 지속됐고 발병시기가 청소년이나 성인 초기에 나타나야 합니다. 한마디로 말하면 성격장애는 한 사람의 바르지 못한 행동이 그 사람의 삶 전반에 나타나 결과적으로 자신을 고통에 빠뜨리고 맙니다. 그런데 이 나쁜 행동양식은 이미 몸에 밴 상태이기 때문에 직접 행동하는 자신보다는 주변 사람들을 더 괴롭게 만든다는 것이 성격장애의 가장 치명적인 단점입니다.

가족 중 한 사람이 성격장애자라면 늘 옆에 있는 사람들이 더 고통스러운 것이죠. 습관처럼 반복되는 행동이기 때문에 자신이 느끼는 불편보다 가까운 사람들이 지치고 힘들며 상처받습니다. 이처럼 한 사람의 성격은 자신은 물론 인생에서 중요한 사람인 배우자와의 관계, 나아가 자녀의 성격형성에 영향을 미칩니다.

성격장애는 대부분 청소년기나 성인기 초기에 나타납니다. 그렇다면 성격장애로 고착되기 전에 우리 자녀가 사회구성원으로서 충분히 기능하고 건강한 대인관계를 형성할 수 있도록 돕는 것은 중요한 부모역할일 것입니다. 만약 여러분이 성격장애가 있는 가족 때문에 괴로운 삶을 살고 있다면 그들을 어떻게 이해하고 치료해야 할까요? 성격장애자 자신은 또 어떻게 보호할 수 있을까요? 이런 이해는 우리 가정을 건강하게 만들 수 있는 방법일 것입니다.

우리는 성격장애자인 배우자로 인해 고통의 삶을 살 수 있고, 성격장애를 가진 교우로 인해 괴로운 교회생활을 할 수도 있습니다. 혹은 점점 부적응적인 성격을 드러내는 자녀의 행동을 보면서 무척 걱정스러울 수도 있습니다. 자녀가 건강하게 성장할 뿐 아니라 나와 자녀를 보호하고 그들을 이해할 수 있도록 노력해야 합니다.

다음 내용에서는 흔히 만날 수 있거나 꼭 알아두어야 할 성격장애자들의 유형 및 특성에 대해 살펴보겠습니다.

반사회성 성격장애 1

"못 참죠! ××녀석 피나게 때려줘야죠!" "애들은 망보고 저는 털다가 걸린 거예요."

"그 애가 나오는 거 보고 기분 나빠서 바로 찔러버렸어요."

갈수록 심각해지는 청소년들의 범죄행태가 성인 범죄 못지않게 폭력적이어서 청소년 범죄자에 대한 처벌을 강화해야 한다는 목소리가 높아지고 있습니다. 모든 아이들이 파괴적이고 폭력적인 것은 아니지만 청소년기는 충동성과 공격성이 크게 발현될 수 있는 시기입니다. 강한 분노가 맘속에 내재돼 있거나 부정적인 감정을 바람직한 방법으로 해결하지 못하는 아이들이 자신의 화를 받아들이기 힘든 파괴적 행동으로 표출하는 것이죠. 이런 외현화 행동은 자신의 심리적 문제가 반항적이고 공격적이며 과잉 행동적이고 반사회적 행동으로 드러나는 현상입니다.

사실 청소년 아이들은 발달적으로 불안정한 상태이기 때문에 감당하기 힘든 스트레스가 가중될 때 그 문제를 제대로 해결하지 못하면 여러 부적응 증상이 나타날 수 있습니다. 하지만 이들의 문제행동이 사춘기의 흔한 반항과는 달리 시간이 갈수록 완화되는 일시적인 현상이 아니라 반복적이고 잔인하며 반성의 여지가 없다면 이것은 청소년들의 대표적 문제행동인 '품행장애'임을 인지해야 합니다.

품행장애는 소위 '비행 청소년'이라는 말로 흔히 불립니다. 청소년들의 난폭하고 무책임한 행동 즉, 폭력, 방화, 도둑질, 거짓말, 가출 등 타인의 권리를 훼손하고 규칙을 심각하게 위반하는 행동이 반복되는 것으로 18세 이하의 청소년들에게 진단되는 장애입니다.

DSM-5에 의하면 품행장애에 나타나는 문제행동은 크게 사람과 동물에 대한 공격행동, 재산파괴, 사기나 절도, 그리고 중대한 규칙 위반이라는 4종류의 범주로 나뉩니다. 다른 사람을 위협하고 괴롭히거나 동물을 잔인하게 대하는 행동, 타인의 재산을 고의로 파괴하고 물건을 훔치거나 속이는 행동, 학교를 무단결석하거나 가출하는 행동 등 다른 사람의 권리를 침해하고 지켜야 할 규칙을 위반하면서도 양심에 거리낌이 없고 개선의 의지가 보이지 않는 아이들인 것이죠. 게다가 이런 문제행동이 다분히 의도적이고 계획적이라는 점에서 단순히 반항하는 자세가 아니라는 것을 알 수 있습니다.

청소년의 품행장애를 심각하게 보아야 하는 이유가 있습니다. 나이가 들면서 나쁜 행동이 줄어드는 경향도 있지만 비행행동이 청소년 시기에 국한되는 것이 아니라 성인이 되어서까지 이어진다면, '반사회성 성격장애'로 발전할 수 있기 때문에 이들의 범죄행위를 결코 가벼이 여길 수 없습니다.

성인기에 규정되는 '반사회성 성격장애'는 사회규범과 법을 지키지 않으며 무책임하고 폭력적인 행동을 반복함으로써 사회적 부적응을 초래하는 성격장애입니다. 뉴스에 대서특필되는 여러 흉악범들이 이 반사회성 성격장애인 경우가 높은 것도 이 장애의 심각성을 반영하는 안타까운 현실이죠. 어른들의 반사회적 행동은 범죄행위와 직결됩니다. 그래서 사회에 큰 문제를 야기할 수 있는 성격장애라고 강조하지 않을 수 없습니다.

우리는 사람을 잔인하게 죽이거나 학대하고도 죄책감을 느끼지 않는 사람들을 흔히 '사이코패스' 또는 '소시오패스'라 부르지만 사실 정신장애 분류체계를 통한 정확한 진단명은 '반사회성 성격장애'에 해당합니다. 유명한 영화 '양들의 침묵'에서 앤서니 홉킨스가 맡았던 엽기적인 연쇄살인마가 대표적인 반사회성 성격장애의 사례라 할 수 있죠.

우리나라에서 발생했던 희대의 살인마들도 여러 임상 전문가들이 범죄행동을 분석한 결과 '반사회성 성격장애'로 결론 내리는 경우가 상당히 많았습니다. 반사회성 성격장애는 타인의 권리를 존중하는 규범이나 법을 무시하고 자신의 쾌락과 이익을 위해 수단과 방법을 가리지 않습니다. 그래서 폭력, 절도, 사기 같은 여러 범죄 행동을 반복하기 때문에 법적인 구속을 당하는 일이 흔히 발생합니다. 그리고 타인을 고통스럽게 만드는 자기 행동을 자책하거나 후회하지 않아 유사한 불법행동을 반복하는 경향이 있습니다. 이들의 괴롭힘이 우리의 평화를 빼앗아가기 때문에 반사회성 성격장애의 심각함을 강조하지 않을 수 없습니다.

반사회성 성격장애는 18세 이상의 성인에게 진단됩니다. 하지만 15세 이전에 품행장애를 나타낸 증거가 있어야 한다는 사전조건이 있습니다. 이 말은 성인이 되어 갑자기 발병하는 성격장애가 아니라는 것이죠. 아동기나 청소년기부터 반사회적인 문제행동이 나타나야, 청소년들의 비행행위인 품행장애가 있었어야 함을 강조하는 말입니다.

그렇다면 사회의 위기를 초래하는 반사회성을 예방하기 위해서는 청소년 시절에 품행장애가 발생하지 않도록 예방하는 것이 중요합니다. 물론, 반사회성 성격장애는 유전적인 요인과 환경적 요인 모두의 영향을 받지만, 유전적 요인은 어찌할 수 없을지라도 환경적 측면에서 폭력성이 강화되거나 분노가 내재화되지 않도록 세심하고 따뜻한 양육을 경험할 수 있게 해야 할 것입니다.

반사회성 성격장애 2

"

"그동안 가만히 내버려 두다가 왜 갑자기 나한테 그러냐구요!"

진혁이(가명)는 친구를 때려 학폭위가 열리기도 했고, 선생님께 반항해서 여러 번의 선도위원회가 열려 많은 봉사활동을 했던 전적을 가지고 있습니다. 사고가 끊이지 않는 아들을 보면서 걱정이 된 진혁이 부모님은 아이를 얼러보기도 하고 화도 내 보았지만 달라지는 조짐조차 없자, 결국은 진혁이를 억지로 끌고 상담실로 찾아오셨습니다.

진혁이처럼 부모에 의해 끌려 온 아이들은 상담초기에 좀처럼 마음 문을 열지 않거나 상담 선생님을 적이라고 생각하는 경우가 많습니다. 그래서 이런 비자발적인 아이들의 마음을 열어 자발적인 내담자로 만드는 시간은 너무나 중요합니다. 자신의 문제행동을 스스로 인식해야 변화할 수 있고 근원적인 문제도 해결할 수 있기 때문입니다.

진혁이와의 만남도 그런 시간이 필요했습니다. 잘못을 전혀 인식하지 못하는 진혁이의 입장과 마음을 있는 그대로 수용해주며, 스스로 자신의 행동을 생각해볼 수 있는 여지를 많이 열어주었을 때 진혁이는 차츰 변하여 그동안 겪었던 마음속 이야기를 들려주기 시작했습니다.

진혁이가 가장 먼저 들려준 이야기는 유치원에 다닐 때의 일이었습니다. 부모님은 그동안 맞벌이를 하셨기에 오랫동안 바쁘게 지내오셨던 모양입니다. 어느날 진혁이가 다니던 유치원에 갑자기 불이 나는 매우 위급한 상황이 벌어졌습니다. 놀란 선생님과 원아들은 불을 피해 황급히 탈출해야 했습니다. 그리고 모든 원아들은 될 수 있는 대로 빨리 귀가해야 했습니다. 친구 부모님들은 유치원으로 달려오셨지만 당시 일에 바빴던 진혁이 어머니는 그저 아들이 잘 피했다는 말만 전해 듣고, 진혁이를 친구 집에 맡겨둔 채 늦은 밤이 되어서야 찾아왔다고 합니다.

어머니 기억 속에는 그 사건이 그저 별일 아니었지만, 진혁이의 마음속에는 지워지지 않는 영화의 장면처럼 처참하고 무서운 영상으로 가득했습니다. 황급히 피하는 아이들, 놀라서 달려온 엄마들, 자녀를 안아주며 눈물 흘리던 다른 엄마들의 모습이 고스란히 찍혀 있었던 거지요. 그토록 무서웠던 순간에도 자기를 보호해줄 사람이 아무도 없었던 진혁이는 당시를 떠올리며 얼마나 무섭고 두려웠는지 전해주었습니다. 엄마는 혼자 무서워했을 진혁이 마음에는 관심조차 기울이지 않았던 겁니다. 진혁이는 일종의 정서적 방치상태였습니다.

그리고 초등학생 시절 무척 소심했던 진혁이는 친구들과 잘 어울리지 못하는 경우가 많았습니다. 그저 친구들 옆에서 가만히 서 있거나 힘센 친구들 사이에 끼어 소위 꼬붕역할을 했다고 합니다. 학교생활은 항상 불안했고 답답했으며 만족스럽지 못했지만 그때도 바쁘기만 한 엄마는 아들이 어떤 학교생활을 하고 있는지 또 마음은 어떤지 세심하게 살피거나 도움을 주는 따뜻한 엄마의 모습이 아니었습니다.

중학생이 되자 진혁이 태도는 달라지기 시작했습니다. 소위 일진 친구들과 어울리면서 그들의 파워를 등에 업고 친구나 교사를 향해 대항하고 반항하는 행동이 나타나기 시작했던 겁니다. 아이의 다양한 사건사고를 전해들은 엄마는 그때부터 진혁이 행동을 강하게 제지하기 시작했습니다. 진혁이 입장에서는 그동안 내버려두기만 하던 엄마가 갑자기 높은 관심을 보이며 못하게 하는 일이 많아져버린 거죠. 그럴수록 진혁이는 부모님 말을 더 거역했고, 반항의 수준 또한 점점 더 강해질 뿐이었습니다. 이런 진혁이 행동은 전형적인 '품행장애'의 모습입니다.

어머니는 그제서야 자신의 양육방식이 잘못됐음을 깨달았지만, 진혁이의 마음과 생각을 돌이키기엔 이미 역부족이었습니다. 심리적으로 또, 물리적으로 방치됐던 진혁이는 이미 반항적인 행동적이 굳어버렸고, 마음 깊이 내재된 서운함은 이미 분노로 바뀌어 있었던 거였죠. 청소년기의 품행장애가 잘 고쳐지지 않으면, 18세 이상이 되면서 '반사회성 성격장애'로 드러날 가능성이 높습니다.

바쁜 엄마는 결코 나쁜 엄마가 아닙니다. 하지만 바쁠지라도 자녀의 마음을 돌보지 않는 엄마는 나쁜 엄마일 가능성이 높습니다. 다시는 돌아오지 않을 자녀의 성장기, 바로 그 시기는 자녀의 인생에서 너무나 중요한 황금같은 시간임을 반드시 기억하시기 바랍니다! 때에 맞는 사랑과 관심을 우리 아이에게 전해주셔야 합니다.

나르시시스트 1

"

나르시시스트(자기애성 성격장애)는 과도한 자기사랑과 자기도취로 사회적 부적응을 초래하는 성격장애입니다. 이들은 남들이 평가하는 것보다 자신을 현저하게 과대평가하고 웅대한 자기상에 집착합니다. 자신에 대한 특권의식을 가지고 있어서 타인을 착취하거나 오만한 행동을 일삼는데 언제나 자신의 탁월함을 드러내려 하고 어디서나 최고이기를 바라며 늘 성공을 꿈꾸는 사람들입니다.

자신을 사랑한다는 것은 극히 자연스럽고 건강한 태도입니다. 하지만 그 사랑이 너무 지나쳐 자신을 비현실적으로 과대평가하고 타인을 무시한다면 결국은 대인관계에서 늘 갈등하고 부적응이 초래될 수 밖에 없는 것이겠죠.

이들은 주변 사람들이 항상 자신을 칭찬하고 찬양해주기를 바람니다. 하지만 현실 속에서는 웅대한 자기상과는 달리 주변 사람들로 부터 따돌림당하고 갈등이 잦아 오히려 이들의 내면은 자주 상처받고 우울하며 분노합니다.

자기애(narcissism)라는 용어는 그리스 신화 속 인물인 나르키소스의 이야기에서 비롯됐습니다. 나르키소스는 연못에 비친 자신의 얼굴이 너무 아름다워 연모하다가 연못을 향해 몸을 던져 죽는다는 그리스 신화 속 인물입니다. 물의 요정인 어머니와 강의 신인 아버지 사이에서 태어난 나르키소스는 사냥을 하다 더위에 지쳐 갈증을 해결하기 위해 맑은 샘을 찾아 물을 마시려 했습니다. 그런데 물에 비친 자신을 본 순간 너무나 아름다운 모습을 보고 그만 자기와 사랑에 빠지고 말았습니다. 그 후로 샘물을 떠날 수 없었던 나르키소스는 날마다 샘물에 비친 자기 얼굴을 바라보면서 자신에 대한 사랑으로 애태우며 괴로워하다 결국 물에 빠져 죽음을 맞이했다는 슬픈 이야기입니다.

나르키소스의 이야기로부터 나온 나르시시즘은 흔히, 자기도취적이거나 지나친 자기사랑의 성향을 가진 사람을 '나르시시스트'라고 부르게 된 배경이 됐죠. 정신장애 분류체계인 DSM-5에서는 이런 성향의 사람들을 '자기애성 성격장애'라고 명명합니다.

자기애성 성격장애를 가진 사람들은 매우 자신만만합니다. 또 목표지향적인 업무태도를 보이고 성공적인 면들을 부각하기 때문에 사람들로부터 이목을 집중시키는 특징도 있습니다. 그리고 늘 성공을 꿈꾸고 매사에 탁월함을 추구하며 열심히 노력하기 때문에 남들이 보기에도 성공한 위치에 오르는 경우가 상당히 많습니다. 하지만 이들은 자신의 탁월함을 주장하고 자신이 높아지는 대신 타인을 이용하려 들거나 착취적이고 거만하게 행동하기 때문에 나르시시스트들과 관계하는 사람들은 여간 힘든 일이 아닙니다. 그들의 속박에서부터 벗어나고 싶어지죠. 이런 나르시시스트들의 행동으로 가장 힘든 사람들은 이들과 함께해야 하는 가까운 지인들이며 또한 늘 옆에 있는 가족들일 겁니다.

나르시시스트 성격과는 다르지만 청소년들에게 나타나는 대표증상 중 하나가 자기중심성입니다. 자기중심성은 발달적 현상이기 때문에 청소년기에 접어들면 누구나 경험하는 태도라 할 수 있습니다.

청소년의 자기중심성을 연구한 엘킨드 박사는 '상상적 청중'과 '개인적 우화'라는 재미난 용어로 이들의 독특성을 설명해 줍니다. 먼저 '상상적 청중'은 세상을 마치 연극무대처럼 생각하는 청소년들의 착각에 대한 이야기입니다. 자신은 무대 위의 주인공인 셈이죠. 무대에 올라서면 관객들이 일제히 주인공을 주목하듯 세상 사람들이 관객이 되어 자신을 주목하고 있다고 생각합니다. 그래서 주변의 시선에 늘 관심을 기울입니다. 이런 특성 때문에 청소년들은 마치 연극하는 것처럼 과장된 행동을 하거나 큰 목소리로 말하기도 하고, 어떤 아이들은 주변 시선을 늘 의식해 지나치게 위축되기도 합니다.

'개인적 우화'는 스스로를 아주 특별한 존재로 생각하는 자기중심적인 사고입니다. 자신의 감정이나 사고는 너무나 독특해서 다른 사람들이 이해할 수 없다고 생각하는 형태죠. 자신은 다른 사람과 다른 특별한 존재이기 때문에 어떠한 위험 행동을 하더라도 결코 다치지 않는다는 착각에 빠져 있습니다. 마치 우화 속 인물인 것처럼 말이죠. 청소년기 아이들이 위험한 행동에 뛰어들고 무모하게 도전하려는 태도는 이런 개인적 우화 현상이라 할 수 있습니다.

이들의 자기중심성은 아이들이 다양한 관계를 경험하면서 서서히 줄어들기 때문에 그리 걱정할 필요는 없습니다. 다만 이 시기의 독특한 특성임을 이해하면서 타인의 관점을 볼 수 있도록 격려하는 것이 가장 바람직한 양육태도일 것입니다.

나르시시스트 2

"

'악마는 프라다를 입는다'라는 영화가 있습니다. 두 여자 주인공의 갈라진 인생을 그린 이 영화는 2006년 개봉 당시 우리나라에서도 삽시간에 인기 영화로 등극했습니다. 특히 촌스럽던 앤 해서웨이의 모습이 편집장 미란다를 만나 차츰 세련되어지고 매일매일 갈아입는 그녀의 멋지고 화려한 패션을 보는 재미가 쏠쏠했던 영화로 기억됩니다. 그리고 젊은 여성이 고군분투하는 성공스토리를 담은 내용은 당시 성공을 꿈꾸는 현대 여성들의 마음을 사로잡기에 충분했습니다.

그런데 사실 이 영화의 전체 줄거리는 말단직원이 승승장구하여 높은 자리로 올라가는 단순한 성공 이야기가 아닙니다. 여자 주인공이 사회적 성공이라는 달콤한 유혹에 잠시 빠져들었지만 결국은 진정한 삶의 의미를 깨달은 주인공이 자신의 진짜 모습을 찾기 위해 화려한 삶을 내던진다는 진정한 의미에서의 인생 성공스토리입니다.

이 영화에서 주목해야 할 또 다른 이야기가 있습니다. 저는 그 내용을 여러분과 함께 나누고 싶습니다. 영화 속 또 다른 주인공은 뉴욕 최고의 패션회사 편집장인 미란다입니다. 그녀는 전형적인 나르시시스트였습니다. 이 인물이 그려내는 장면은 나르시시스트들이 가지는 생각과 행동, 정서와 대인관계를 잘 나타내 보여줍니다.

미란다는 자기도취적이고 허영심이 가득할 뿐 아니라 매사에 탐욕스럽고 타인을 교묘하게 이용하는 인격적 결함을 가진 인물로, 최고의 자리에 오르기 위해 타인을 무참히 짓밟는 나르시시스트들의 모습을 그대로 드러내 주었습니다. 자기애성 성격장애자들이 직업적으로 성공하는 경우가 많다는 것도 잘 반영되어 있었죠. 미란다는 성공을 좇던 앤 해서웨이조차 이 병리적인 나르시시즘의 달콤한 유혹에 빠져들게 만들었습니다.

영화 '악마는 프라다를 입는다'는 성공만을 추구하는 단순한 이야기가 아니라 두 여성이 내면의 목소리에 귀 기울이게 만드는 영화였다는 점에서 다시 보아도 재미있고 의미 있는 영화입니다.

나르시시스트들의 정서 저 밑바닥에 도사리고 있는 핵심감정은 바로 '수치심'입니다. 그들에겐 자신도 감당하지 못할 강력한 수치심이 내면에 자리잡고 있습니다. 스포트라이트를 받으며 과대해진 자기를 드러낼 때는 우월한 자신을 만끽하며 연신 활달한 미소를 보이지만, 깊은 내면의 수치심이 드러나는 순간 그 절망감을 자신도 감당하지 못합니다.

자신을 괴롭히는 수치심을 해결하기 위한 방법은 자기의 수치심을 오히려 타인에게 떠넘겨버리는 수법을 사용합니다. 수치심이 드러나려 하면 오히려 옆 사람을 괴롭혀 자신의 힘든 감정을 해소하는 것이지요. 그러니 나르시시스트 주변 사람들은 얼마나 괴롭겠습니까.

나르시시스트들은 자신이 상처받을 수 있는 상황에서 과도한 분노를 표출하는 경우도 잦기 때문에 함께 하는 직장 동료나 지인들 특히 가족들은 살면서 지옥을 경험하는 꼴이 돼버리는 겁니다. 병리적 나르시시즘의 원인은 유아기에 경험한 엄마와의 관계로 거슬러 올라갑니다. 유아시절 엄마로부터 지나친 좌절을 경험했거나 아니면 좌절 경험이 아예 없었을 때 자기애성 성격장애로 발전할 수 있습니다.

아이들은 심리적으로 받아들일 만한 수준의 좌절을 경험할 필요가 있습니다. 이것이 바로 '최적의 좌절'이라는 것입니다. 그런데 최적의 좌절이 가능하게 되는 것은 무엇보다 엄마와 유아 사이에 이미 충분한 공감적 유대를 형성했을 때에만 가능해집니다. 양육자와 신뢰로운 애착형성이 매우 중요하다는 말인 거죠. 가령 유아가 배고파 울 때 아이는 불안한 상태에서 욕구가 채워지기를 기대할 것입니다. 생애초기에는 즉각적으로 채워줄 수 있었지만, 시간이 지나면서 유아는 먹을 것을 기다려야 하는 불안의 시간을 경험하는데, 기다리는 동안 엄마의 달래주는 목소리나 아기를 들어 올려 따뜻하게 안아주는 감각을 느낄 때 유아는 높은 불안을 경미한 것으로 느끼게 되어 고통을 견딜만하게 되는 것입니다. 이것이 바로 '최적의 좌절'입니다. 즉, 부드러운 눈길, 따뜻한 손길, 다정다감한 말이 적절한 좌절경험이 되는 것이지요. 최적의 좌절 또한 엄마의 공감적 반영 안에서 이루어집니다.

의존성 성격장애 1

"""

"선생님 우리 아이가 친구한테 대하는 방식이 다 못마땅해요!"

"바보같이 친구한테 끌려다니고, 자기가 할 말도 똑바로 못하니까."

"제가 딸 대신 카톡에서 대답하는 거죠." "이게 다 딸을 위한 거라구요."

중학생 지은(가명)이는 친구들과 잘 어울리지 못해 학교에만 가면 늘 혼자였습니다. 매년 신학기가 되면 처음 만나는 친구들이 많은데 모르는 친구에겐 어색해서 다가가지 못하고 상대편 친구가 먼저 말을 걸어오기라도 하면 그때는 부끄러워서 대꾸하지 못해 친구관계가 잘 형성되지 않았습니다.

초등학생 때는 그렇지 않았다고 합니다. 왜냐하면, 엄마가 함께 놀도록 만들어 준 친구들이 있었기에 한두 명과는 단짝처럼 지낼 수 있었으니까요. 그런데 중학생이 되면서 친구들끼리 해야 하는 활동이 많아지고, 엄마가 친구 사이를 늘 간섭할 수 없다 보니 지은이 혼자서 친구를 만드는 건 여간 어려운 일이 아니었던 겁니다.

사실 중학생 초기에는 엄마가 만들어 준 한 명의 친구가 있었습니다. 그런데 그 친구입장에서는 항상 지은이 옆에 붙어 있어야 되고, 다른 아이들과 만나는 걸 곱게 보지 않는 지은이와 지은이 엄마의 시선이 부담스러워 결국 지은이 곁을 떠나고 말았습니다. 그 후로 지은이는 학교에만 가면 혼자 멍하니 앉아 있거나 책상에 엎드려 자는 척할 뿐이었습니다.

상담실에서 만난 지은이 모습은 상당히 인상적이었습니다. 목소리가 매우 작았고 불안해 보였으며 매사에 자신이 무엇을 어떻게 해야 할지 판단하지 못해 안절부절하는 태도가 역력했기 때문입니다. 또 하나의 특징은 지은이는 자신의 경험이나 마음속 이야기를 스스로 말하지 못했습니다. 지은이가 경험한 상황과 지은이 생각, 그리고 지은이가 느꼈을 감정을 자신이 아닌 옆에 있는 엄마가 다 이야기해 주었습니다.

엄마는 딸이 어떤 말을 해야 하는지 어떻게 행동해야 하는지 또 어떤 결정을 내려야 하는지 일상의 거의 모든 것을 지도하고 있었습니다. 더 놀라운 사실은 지은이가 단톡방에서 친구들과 대화를 나눌 때면 딸이 상대 아이들을 대하는 대화방식이 마음에 들지 않아 마치 자신이 지은이인 것처럼 엄마가 대답해왔던 겁니다. 그러니 반 친구들은 학교에서 만나는 지은이와 단톡방에서 접하는 지은이가 전혀 다른 사람 같았을 수밖에 없었죠.

지은이는 친구를 사귀는 데 있어서 성공 경험이 거의 없는 아이였습니다. 초등학교 저학년 때는 친구를 만드는 과정에 엄마의 도움이 종종 필요하기도 하지만 학년이 올라갈수록 스스로 친구를 만들고 그 관계를 유지하며 갈등도 다루어보는 경험을 쌓아 자기나름의 관계 형성법을 익혀야 합니다. 그런데 지은이는 어릴 때부터 초등학교를 졸업하는 순간까지도 혼자 힘으로 친구를 만들어 본 경험이 거의 없었습니다. 그래서 사람들에게 어떻게 다가가야 하는지 어떤 반응을 보여야 하는지 갈등이 생기면 어떻게 풀어야 하는지 친구를 만들고 유지할 수 있는 어떠한 정보도 체득하지 못한 상태였습니다.

저는 상담자로서 그동안 힘겨웠을 지은이 마음에 공감해 주었고, 나아가 관계를 형성하는 방법과 기술을 익힐 수 있도록 많은 시간을 함께했습니다. 그리고 지은이 어머니는 왜 그토록 딸을 기다릴 수 없었는지 무엇이 그렇게 불안했는지 자신의 과거와 현재를 돌아보는 시간도 가졌습니다.

엄마의 과도한 불안은 자녀를 통제하게 만듭니다. 지나친 과잉보호는 아이가 스스로 무언가를 할 수 없도록 하며 문제가 생길 때 스스로 해결할 수 없다는 수치심을 갖게 합니다. 엄마의 과잉통제와 과잉보호는 자녀를 의존적으로 만들어 누군가가 옆에 없으면 아무것도 할 수 없는 존재가 돼버릴 수 있는 매우 위험한 양육태도입니다. 이는 의존성 성격장애의 주요인이기도 하지요.

우리 자녀들이 지나치게 타인을 의존하는 사람으로 성장하지 않도록 엄마의 불안을 먼저 다루어야 합니다.

의존성 성격장애 2

의존성 성격장애는 스스로 독립적인 생활을 하지 못하고 다른 사람을 과도하게 의존하거나 보호받으려는 행동이 특징적으로 나타나는 성격장애입니다. 이들은 의존 상대로부터 버림받을 수 있다는 사실에 항상 불안해하는데, 지나친 의존행위 때문에 상대방을 부담스럽게 만들어 인간관계를 유지하지 못하는 경우가 많습니다. 특히 의존상대가 착취적인 사람인 경우에는 그에게 일방적으로 이용당하며 고통스러운 삶을 살 수 있습니다.

상담센터에서 만나는 청소년들 중 친구에게 지나치게 휘둘리거나 한 명의 친구만 집착해 결국 혼자가 되어 버리는 아이들을 종종 만납니다. 이들은 소위 센 친구에게 사로잡혀 자신이 하고 싶은 말과 행동은 하지도 못한 채 끌려다니는 식의 관계를 유지하는데, 힘들어도 그 친구를 떠나지 못하고 전전긍긍하는 모습을 보입니다. 또 마음에 맞는 친구가 생겼을 때 그 친구가 다른 아이와 친해질까봐 항상 걱정하며 지나치게 집착하고 상대방을 괴롭게 만들기도 합니다.

이들은 홀로 남겨질까봐 두려운 나머지 자신은 물론 타인까지 얽어매는 매우 건강하지 못한 대인관계를 합니다. 물론 친구관계에서 성공했던 경험이 없을 때, 친구를 사귀는 방법이 서툴러서 실수하는 경우도 있지만, 지나친 의존성으로 친구에게 집착하거나 벗어나지 못하는 것은 이미 성격장애로 발전되어버린 것입니다. 우리 아이들이 이런 의존성 성격장애자로 성장하지 않도록 부모와 교사들은 이에 관련한 정확한 이해가 필요할 것입니다.

의존성 성격장애를 가진 사람들은 자기 일을 혼자 시작하거나 수행하지 못합니다. 그리고 타인으로부터 많은 충고와 보장이 없이는 일상적인 일을 잘 결정하지도 못합니다. 이들은 자기 인생에서 아주 중요한 영역까지도 떠맡길 수 있는 타인을 필요로 하는데, 다른 사람의 보살핌과 지지를 얻기 위해서라면 무슨 일이든 할 수 있다는 자세를 보입니다. 특히, 친밀한 관계가 끝났을 때는 지지와 보호를 받기 위해 또 다른 사람을 급하게 찾는 행동도 나타납니다. 이것은 혼자서는 감당할 수 없다는 두려움으로 항상 불안하기 때문입니다. 버려짐에 대한 공포가 상대방을 비현실적으로 집착하게 만드는 것이죠.

부모의 과잉보호는 의존성 성격장애의 중요한 요인으로 알려져 있습니다. 특히 선천적으로 허약하고 병치레가 잦은 아이들은 부모의 과잉보호를 유발하는데, 이런 경험이 계속될 때 성장해서도 다른 사람으로부터 과도한 보호와 동정을 기대하게 되는 겁니다.

의존성 성격장애자들은 '나는 무력하고 부적절한 사람이야.', '나는 혼자서는 세상에 대처할 수 없고 무조건 의지할 사람이 필요해.'라는 독특한 신념을 가지고 있는데, 이런 왜곡된 신념 때문에 타인에게 지나치게 의존하고 보살핌을 얻는 대가로 자기 권리나 주장을 포기하는 행동이 나타나는 것입니다. 만약 이들이 사람을 착취하는 나쁜 사람을 만나게 된다면 그 삶은 정말이지 고통스러울 수 밖에 없을 것입니다.

건강한 대인관계는 서로 간의 친밀을 유지할 수 있는 동시에 각자의 자율성을 인정하는 상호주관적인 관계여야 합니다. 이러한 면에서 의존성이 높은 아이들에게 지나친 독립을 요구하기보다 친밀하게 관계할 수 있는 자율성에 초점을 두어야 합니다. 그러기 위해선 아이들이 무조건 타인에 집중하기보다 먼저, 자신을 신뢰할 수 있도록 자기의 효능감을 증진시키는 데 초점을 두어야 합니다. 그리고 다음으로 친구에게 친밀하게 다가가는 기술을 익히는 것이 중요한 과제입니다.

경계선 성격장애

강렬한 애정과 분노가 서로 교차하는 사람과 지속적으로 만나야 한다면 그것은 누구에게나 상당한 고충일 것입니다. 마음에 들 때는 일방적으로 추종하고 이상화하다가 상대방이 조금이라도 멀게 느껴지면 과도하게 매달리거나 애정을 갈구하고, 상대가 도저히 참기 힘들어 만나기를 거부하기라도 하면 극단적인 모습으로 변해 평가절하하고 심한 증오와 경멸을 보인다면 그런 사람과 만나는 것 자체가 고통입니다. 아마 시작은 좋았을지 몰라도 결국 큰 상처만 남길 뿐이죠.

이런 관계는 비단 연인 사이에서만 볼 수 있는 것이 아니라 상담자와 내담자 관계 혹은 목회자와 성도의 관계에서도 나타날 수 있습니다. 이런 특성을 가진 사람들은 처음에는 너무 좋다며 상대를 이상화하고 추종합니다. 그런데 자신을 조금이라도 멀리하는 것 같으면 돌변하여 강렬한 감정을 드러내는데, 이들이 보이는 강렬한 감정은 일반적으로 관계에서 흔히 경험할 수 있는 서운함이나 슬픔, 질투와 분노, 우울 같은 정서를 훨씬 뛰어넘는 높은 수준의 강렬한 감정입니다.

경계선 성격장애는 강렬한 애정과 극심한 분노가 서로 교차하여 불안정한 대인관계가 특징적으로 나타나는 성격장애입니다. 여기서 경계선(Boderline)이라는 뜻은 신경증과 정신증의 경계를 의미하는 것으로 신경증과 정신증의 증상이 일부 있으면서도 어느 한쪽으로 분류하기 어려운 중간집단을 지칭하는 용어입니다. 즉, 이 의미는 망상이나 환각 같은 극단적인 정신증 증상은 없지만, 일시적으로 현실 검증력이 떨어지고 매우 충동적이며 감정조절이 어려운 사람을 '경계선 성격장애'라고 부르는 것입니다.

경계선 성격장애의 가장 큰 특징은 극단적인 심리적 불안정감입니다. 이들이 두려워하는 것은 타인으로부터 '버림받는 것'인데, 만약 비슷한 상황이 예상되기라도 하면 자신의 사고와 감정, 행동에 심한 동요가 일어납니다.

이들은 흔히 이성을 만날 때 상대를 이상화하여 강렬한 애정을 느끼며 급속도로 연인관계로 발전합니다. 하지만 자신을 버리고 떠나는 것을 항상 두려워해 연인과 늘 함께 있으려 하고 지나친 애정표현을 요구합니다. 그런데 만약 이런 요구가 좌절되면 극단적으로 상대를 평가절하하고 경멸하며, 자해와 자살 같은 자신을 파괴하는 행동을 일삼기도 합니다.

　성격장애자들이 흔하진 않을지라도 종종 이들을 만나게 될 때 우리는 당황하여 놀랄 수 있고, 또 어떻게 대처할지 몰라 갈팡질팡할 수 있습니다. 무엇보다 중요한 것은 우리 자녀가 자신과 타인을 고통으로 빠뜨리는 성격장애자가 되지 않도록 예방하는 것이 부모로서 매우 중요한 과제일 것입니다.

　경계선 성격장애자들은 어린 시절 엄마와 맺었던 경험에서 버림받는 것에 대한 두려움을 성인이 되어서도 반복적으로 재경험하는 현상이라고 합니다. 이들은 어른이 되어서도 혼자 있는 것을 참지 못하고 타인으로부터 버려지는 것을 무척 두려워합니다.

　엄마와 안정감 있는 애착이 잘 형성됐을 때 아이는 자라면서 엄마의 좋은 모습과 나쁜 모습을 통합하여 '좋은 엄마'라는 하나의 긍정적 이미지를 형성할 수 있지만, 애착관계가 신뢰롭지 못했거나 충격적인 외상경험을 했을 때 좋은 엄마와 감당하기 어려운 나쁜 엄마를 분리시켜 감정이 극단적으로 교차하게 되는 것입니다.

　엄마가 자녀와 맺는 신뢰로운 관계경험은 우리 자녀를 성격장애로의 고통으로부터 예방해줍니다.

"신경증을 넘어서는 정신증은 혼돈 그 자체입니다.

하지만 현악기의 줄을 다시 고른다면…

아름다운 선율로 연주할 수 있어요."

Part 6

현악기의 줄을 고르다

반복행동이 줄었으면 좋겠어요

"

하얀 피부에 화장기 없는 얼굴을 한 스무 살의 여자 청년이 찾아왔습니다. 이 청년은 눈의 초점을 잘 맞추지 못하고 작은 목소리와 경직된 태도에서 긴장과 불안이 매우 높은 상태라는 것을 알 수 있었습니다.

청년은 작은 목소리로 말했습니다. "자꾸만 반복하는 행동을 고치고 싶어요." 무슨 일인지 물었더니 외출을 하려면 준비하는 데만 거의 반나절이 걸린다는 겁니다. 시간으로 따지면 5시간 내지 6시간 정도는 준비해야 밖에 나갈 수 있다는 데 대체 어떤 준비를 하는 것인지 궁금하지 않을 수 없었습니다.

청년은 잠시 머뭇거리더니 작은 목소리로 말했습니다. "양치하고 세수하고 샴푸질하고… 그런 걸 하는데… 시간이 너무 많이 걸려요."

양치를 오래 하는 이유는 치아 하나하나를 세어 가면서 위, 아래, 안쪽을 닦는데 하나씩 넘어갈 때마다 이 치아를 닦았는지 닦지 않았는지 확인한다는 겁니다. 혹시 한 개라도 빠뜨린 건 아닌지 불안한 마음에 같은 치아를 계속 닦게 된다고 했습니다. 이런 확인 절차가 반복되다보니 양치하는 데 걸리는 시간만 족히 50분 이상이었습니다.

세수하는 것과 샴푸질도 마찬가지였습니다. 왼쪽 뺨을 씻고 오른쪽 뺨을 씻어야 하는데 제대로 씻겼는지 계속 점검해야 했습니다. 머리를 감을 때는 두피 어느 부분에 샴푸가 얼마나 묻었는지 각 구간을 따라 확인해서 안심되지 않으면 연거푸 샴푸질을 반복해야 했습니다. 이러다 보니 씻는 데만 오랜 시간이 걸리고, 그러다 지쳐 잠들어버리기 일쑤였습니다.

일상생활을 어렵게 만드는 청년의 행동이 너무나 딱해 보였습니다. 외출해서도 어려움은 끊이질 않았습니다. 화장품 가게에서 아르바이트할 때는 손님이 산 화장품을 계산해야 했는데 상품을 빠뜨리지 않고 계산하기 위해 자기만의 루틴을 따라 확인하는 절차를 거치다 보니 계산시간이 오래 걸려 불평하는 손님들이 많았습니다. 그래서 한 달을 넘긴 아르바이트가 없을 정도였습니다.

강박적인 반복행동을 하는 사람들은 스스로 행동을 그만두려 하면 할수록 마음이 더 불안해져 그 행동을 반복하게 됩니다. 불안을 없애려고 하는 행동인데 그 행동이 오히려 더 불안을 일으키는 거지요. 그래서 마치 다람쥐가 쳇바퀴 돌 듯 하기 싫은 행동을 계속 반복하고 맙니다.

　그리고 강박행동 이면에는 그 행위를 일으키는 강박사고가 있습니다. 머릿속에서 동일한 생각이 계속 떠오르기 때문에 그 문제를 해결하는 방법으로 행동을 반복하게 됩니다. 다시 말해, 어떤 생각이 불안을 일으켜 불안을 해소하기 위한 목적으로 행동을 하는데, 그 행동을 하면 오히려 불안이 높아져 동일한 행동을 강박적으로 반복하는 안타까운 현상입니다.

　이들은 자기 행동이 비정상적이고 부적절하다는 것을 알고 있음에도 그 행동을 통제하지 못합니다. 그래서 강박행동을 개선하기 위해서는 먼저 강박사고를 다루어야 합니다. 강박사고에 어떤 오류가 있는지 스스로 인식할 수 있어야 행동에 변화가 나타날 수 있는 것이지요. 강박사고에 대한 문제를 상담자와 함께 들여다보는 것은 반복행동을 치료하기 위해 반드시 해야 할 순서입니다.

　이 청년은 '양치를 제대로 하지 않으면 큰일 날 거야.'라고 생각했습니다. 치아마다 숫자를 매겨 닦지 않으면 한 개라도 빠뜨릴 수 있고, 빠뜨린 치아가 제대로 닦이지 않으면 그 치아는 반드시 썩을 것이며, 썩은 치아 때문에 병원에 가게 된다고 생각했습니다. 그리고 치료 과정은 고통스러울 것이고 결국 모든 이가 썩어서 치료하면 엄청난 치료비가 들기 때문에 꼼꼼하게 양치하지 않을 수 없었습니다. 양치하는 중에도 이런 생각에 사로잡혀 확인하고 또 확인합니다.

　세수할 때도 '깨끗이 씻겼을까?' 샴푸를 할 때도 '이 부분에 세제를 묻혔나?' 로션을 바를 때도 '안 발린 부분이 없을까?' 의심하면서 강박적으로 반복합니다. 청년의 이런 불안은 몸 씻는 행동에 그치지 않았고 가스 점검과 수도꼭지 점검으로 이어졌습니다.

청년의 강박적 사고는 자신에게 닥칠지 모르는 위험한 상황을 재앙처럼 여기기 때문입니다. 그리고 그 생각 이면에는 '내가 혹시라도 실수하지 않을까. 내가 제대로 못하지 않을까.'라는 불안이 있었습니다. 절대 실수해서는 안 되고 모든 것을 제대로 해야 한다는 사고가 첫출발이었던 것이지요.

청년의 반복되는 행동은 역할수행에 대한 과도한 걱정과 불안에서 비롯됐음을 알 수 있었습니다. 이런 불안과 강박행동은 고등학생 때부터 시작됐다고 합니다. 유아 시절 이곳저곳에 맡겨졌던 청년은 중학생이 되면서 외할머니와 함께 살게 됐습니다. 외할머니는 이 아이에게 유일한 보호자였습니다. 엄마가 있었지만 딸을 돌보지 않았고 아버지는 만난 적도 없었으니까요. 외할머니와 함께 살았던 아이는 늘 불안했습니다. '또 떠나야 하는 건 아닐까? 외할머니와 같이 살지 못하는 건 아닐까? 외할머니가 나를 버리는 건 아닐까? 나는 외할머니밖에 없는데.'

아이는 자신이 실수하지 않고 무언가 제대로 해야만 할머니의 사랑을 받을 수 있다고 생각했습니다. 제대로 하지 못하면 할머니가 자신을 버릴지 모른다는 생각에 늘 불안했던 거였죠. 그래서 매사에 확인하고 또 확인했습니다. 그런데 그럴수록 마음은 더 불안해졌습니다. 걷잡을 수 없는 불안 때문에 같은 행동을 반복했고 행동을 반복하면 할수록 불안은 더 커졌습니다. 성인이 된 청년은 당시 고등학생이었던 자신을 떠올리며 이렇게 말했습니다. "너무 걱정하지 마. 그 정도 해도 괜찮은 거야."

청소년 혹은 청년기에 시작되는 강박장애는 촉발되고 나면 서서히 발전해 결국 만성화되는 경과를 보일 수 있기에 치료가 쉽지 않은 정서장애입니다. 그래서 좋아졌다가도 재발을 반복하는 어려움이 있죠.

상담자는 내담자가 치료될 수 있도록 돕는 사람이지만 완벽한 회복은 그리 쉬운 일이 아닙니다. 어쩌면 작은 변화가 큰 결과이며 소망이자 기적인 것이지요. 하지만 하나님은 훌륭한 상담자이시며, 완벽한 치료자이십니다. 아무리 심각한 정서장애일지라도 완전한 치료자이신 하나님을 만날 수 있다면 그것이 가장 완벽한 치료의 시작입니다.

고통스러운 기억(PTSD)

"

중학생 2학년인 지윤(가명)이는 참 예쁘고 또롱또롱한 눈망울을 가진 아이였습니다. 게다가 당차고 주도적인 성격의 소유자로 자기주장을 설득력 있게 전달할 줄 알아, 친구들 사이에서도 통솔력을 인정받는 멋진 아이였습니다. 그런데 언제부턴가 지윤이의 이런 장점들이 하나도 발휘되지 못했습니다. 나약한 모습만 보이거나 어떨 땐 독을 뿜듯 공격적인 언행을 표출해 주변 사람들을 힘들게 만들었습니다. 장점이 발휘되면 참 좋은 아인데, 최근 들어 그렇질 못하다 보니 자신도 괴롭고 가족은 물론 친구들에게도 버거운 대상이 되고 말았습니다.

이렇게 되기까지 지윤이에게 어떤 일이 있었던 걸까요? 성장 과정에서 아이의 강점이 드러나지 못하고 단점만 커진다면 이 얼마나 속상한 일입니까. 지윤이의 고통은 과거의 한 사건과 연관되어 있었습니다. 6학년 때의 일입니다. 친구들 사이에 인기가 많았던 지윤이는 무리를 주도하는 리더였습니다. 그런데 친했던 친구와 다툼이 생겨 둘 사이가 어색해지고 말았습니다. 싸운 아이가 자기 뒷담화를 한다는 얘기를 듣고 화가 난 지윤이는 특유의 리더십을 발휘해 자기를 지지하는 친구들을 모았다고 합니다. 그런데 상대편 친구도 이에 질세라 여러 명이 뭉치는 바람에 이젠 둘 사이의 갈등이 아니라 집단의 갈등으로 번지게 됐습니다. 자길 지지하는 편과 비난하는 편이 나뉘어 한 학기 내내 편가르는 갈등으로 이어졌다고 합니다. 자신을 반대하는 친구들이 똘똘 뭉쳐 그들로부터 비난받는 상황이 무척 힘들었을 겁니다. 다행히 선생님의 중재로 서로 사과하면서 해결되는 듯 했지만, 상대편 친구의 아빠가 이 상황에 개입하면서 지윤이 스트레스는 극심해졌습니다.

교실로 찾아온 친구의 아버지는 큰소리치며 험악한 분위기를 만들었습니다. 지윤이를 불러세워 야단쳤고 공개적으로 사과하라고 소리치며 지윤이를 윽박질렀던 것이죠. 어른의 횡포에 일방적으로 당했던 지윤이는 그 상황을 떠올리는 것 자체가 고통이었습니다. 기억하기 싫지만 계속 떠오르는 아픔이었습니다.

상대방의 아버지가 개입했기에 지윤이는 엄마가 좀 나서서 도와주길 바랐습니다. 하지만 몸이 아팠던 어머니는 "그냥 무시하고 참아라!"는 말만 할 뿐 아무런 도움을 주지 못했습니다. 당시 지윤이는 학교도 집도 모두 지옥 같았다고 합니다.

이 사건이 있은 후 지윤이 마음은 예전의 상태로 돌아가기가 어려웠습니다. 가슴은 자주 콩닥거리고 몸이 부르르 떨릴 정도로 경기하듯 눈물이 차오르며, 소화가 안돼 밥도 제대로 먹질 못했으니까요. 게다가 더 괴로운 건 밤마다 교실에서 있었던 일이 떠올라 잠을 잘 수 없었던 겁니다. 울면서 긴 밤을 새운 것도 하루 이틀이 아니었습니다. 밤마다 괴로워 우는 딸에게 엄마는 미안하다며 사과했지만, 어머니의 뒤늦은 사과와 노력은 지윤이의 분노를 더 촉발시킬 뿐이었습니다.

지윤이는 중학생이 된 지금도 친구들이 수군거리는 걸 보면 "내 뒷담화하는 건 아닐까?" 의심했고 6학년 때의 일이 떠올라 신체적으로 심리적으로 괴롭습니다.

지윤이의 이런 증상은 충격적인 외상사건을 경험하고 난 후 심리적 부적응 증상이 나타나는 '외상후 스트레스 장애'에 가깝습니다. 쉽게 말해 '트라우마'라 할 수 있죠. 외상후 스트레스 장애는 고통스런 기억 자체가 괴로워서 떠올리고 싶지 않지만 생활 속에서 비슷한 상황이 벌어지면 과거 상처가 재현되면서 극심한 스트레스를 경험하는 증상입니다.

트라우마가 있는 사람들은 사건과 관련된 기억이나 감정이 자꾸 의식에 침투되어 당시의 고통을 재경험합니다. 기억 속의 사건이 괴롭기 때문에 관련된 자극을 피하려고 갖은 노력을 다하지만 그런 상황이 오히려 트라우마를 자극해 기억 속으로 침투되고 맙니다. 그래서 과도하게 경계하거나 놀라는 반응, 집중곤란, 수면장애 등의 이상증상이 동반되기도 하죠. 예전의 고통에서 벗어나고 싶어 몸부림치는데 그 고통이 계속 재현되는 것은 정말 감당하기 어려운 아픔일 겁니다.

떨쳐버리고 싶은 기억이 생생해진다면 그 삶이 얼마나 괴로울까요. 그래서 외상후 스트레스 장애를 치료하는 방법은 기억을 재구조화하는 것입니다. 공포라고 기억하는 구조를 수정해 안전한 구조로 만드는 작업이 필요합니다. 이런 치료작업을 위해서는 고통스런 기억을 다시 떠올려야 하는데 예전과는 달리 충분히 보호받을 수 있는 안전한 대상과 공간에서 이루어져야 합니다. 생생한 정서가 교정될 때, 공포로 구조화된 기억이 안전한 기억으로 바뀔 수 있으니까요.

비현실에 머무르기(조현병)

"

"애들이 모여서 수군거리며 나를 비난하고 있어요!"

"바보야 넌 이것밖에 안 되는 애였어!"

현종(가명)이는 친구들이 수군거리며 자기를 욕하는 목소리 때문에 괴롭다고 했습니다. 어느 날부턴가 갑자기 반 친구들이 교실 이곳 저곳에 삼삼오오 모이더니 "에이 바보야!"라며 욕을 하기 시작했는데, 복도를 지나가기라도 하면 '바보! 멍청이! 죽어라! 너 같은 놈은 없어져야 돼!' 온갖 비난의 목소리가 들려 귀를 틀어막아야 했습니다. 그 목소리들은 날이 갈수록 더 선명해졌고 이로 인해 더 피폐해진 현종이는 이제 더 이상 견디기 어렵다며 도움을 요청했습니다.

성현(가명)이는 PC방에서 만난 어떤 여학생의 술수에 몰려 씻을 수 없는 상처를 겪었습니다. 바닥에 떨어진 물건을 집으려 손을 내밀었는데 옆에 있던 여학생이 자기를 성추행했다며 경찰에 신고하는 바람에 성추행범으로 몰리는 어처구니없는 일이 벌어졌던 것이죠. CCTV가 없어서 결백을 증명하기 어렵게 되자, 성현이 부모님은 사건이 더 커지는 걸 막자는 차원에서 그냥 돈을 주고 합의해 버렸습니다. 그 후로 성현이는 학교에 이상한 소문이라도 퍼지지 않을까 늘 노심초사하며 신경이 예민해졌고 행동도 점점 위축되어 갔습니다.

고통스런 시간이 흐르는 가운데 어느 날 갑자기 성현이 귀에 이상한 소리가 들렸습니다. 욕하는 말, 놀리는 말, 알아들을 수 없는 기이한 목소리까지 이것이 망상인지 실제인지 구분하기조차 어려운 혼란스러운 상태가 그 이후로도 계속됐습니다. 괴롭히는 목소리는 더 선명하게 들렸고, 현실인지 비현실인지를 지각하기 어려운 상태는 점점 심해져 갔습니다.

두 친구는 모두 비현실적인 망상과 자신을 욕하는 환청에 시달렸습니다. 이 증상은 조현병의 대표증상으로 두 아이는 모두 병원의 확인을 거쳐 조현병으로 진단됐습니다. 현종이는 지속적인 치료를 통해 정신증에서 어느 정도 벗어나 지금은 건강하게 생활하고 있고, 성현이는 정신증의 증상은 여전하지만 꾸준히 치료받으며 사회에 적응하기 위해 노력하고 있습니다.

분열된 정신이라는 뜻을 가진 '정신분열증'은 그 명칭이 주는 위압감과 편견 때문에 2011년 이후부터 '조현병'이라는 이름으로 변경되어 지금도 사용하고 있습니다. '조현병'이라는 용어는 '현악기의 줄을 고르다.'는 뜻으로, 만약 악기의 줄이 조율되면 다시 아름다운 선율을 켤 수 있다는 의미로 조현병 치료가 불가능한 것이 아니라 가능할 수 있다는 긍정적인 메시지를 담고 있습니다. 하지만 현실에서의 정신분열증은 한 인간의 삶을 황폐화 시켜 폐인으로 만들 수 있는 무서운 정신장애이기 때문에, 당사자는 물론 가족들에게 큰 상처가 아닐 수 없습니다.

많은 청소년들이 자신의 내적 괴로움을 호소하며 상담센터를 찾습니다. 그동안 10년여간 다양한 청소년들을 만나며 상담했던 현장을 떠올리면 해를 더해갈수록 청소년들의 심리적 문제가 심각해지고, 증상도 신경증을 넘어 정신증까지 보이는 사례가 증가하고 있다는 사실을 실감합니다.

이런 현상은 예전과는 달리 정신적 문제를 더 이상 숨기지 않고 적극적으로 도움을 요청하는 시대적 변화라는 긍정적 측면도 있지만, 그만큼 우리가 살아가는 이 세상이 얼마나 힘든지를 느낄 수 있는 경험적 지표이기도 합니다. 그런데 우리가 간과하지 말아야 할 것이 있습니다. 조현병을 비롯한 여러 정신장애가 대부분 청소년기를 지나면서 촉발된다는 사실입니다.

청소년기는 그 자체로도 상당히 불안정한 시기인데 환경적으로 해결하기 어려운 문제가 가중되어 아이들이 감당하기 어려운 상태가 되면 정신적 문제로 발현될 수 있음을 알아야 합니다. 그래서 무엇보다 청소년기를 안정감 있게 통과하는 것이 매우 중요합니다.

힘겨운 세상에 던져진 자녀들이 자아가 파괴될 수 있을 만큼 높은 불안을 경험하지 않도록, 안정감 속에서 잘 성장할 수 있도록 부모와 교사는 노력해야 하고 주님의 도우심을 더욱 간구해야 합니다.

망상과 환상 속에서 사는 아이들…

"

현종(가명)이는 중학생 3년 동안 열심히 공부해서 1등을 거의 놓치지 않았던 학생입니다. 고등학생이 되면 더 열심히 공부해서 원하는 꿈을 꼭 이루겠다고 다짐하며 일반고가 아닌 자사고를 선택해 합격하는 쾌거도 이루었습니다. 부푼 꿈을 안고 자사고에 입학한 현종이는 '여기서도 내가 반드시 1등 하리라.' 다짐하며 자신이 할 수 있는 모든 노력을 기울여 공부하고 또 공부했습니다. 다른 아이들이 자는 시간에도 몰래 일어나 공부했고, 누구보다 일찍 눈을 떠 독서실로 향했습니다. 몸을 혹사시켜서라도 좋은 성적을 받을 수 있다면 못할 것이 없다고 생각했습니다.

그런데 시험을 친 후 받아든 성적은 이런 노력과 비례하는 결과가 아니었습니다. 전교성적은 하위권이었고 반에서도 거의 밑바닥 수준이었던 거죠. 마음이 아팠지만 기말고사에서 역전하리라 다짐하며 다시 혹독하게 공부했습니다. 기말고사에서 조금 나아지긴 했지만, 여전히 낮은 성적이었기에 2학기에는 '내가 보여 줄게!'라는 목표를 가슴팍에 새기듯 다짐하며 또다시 공부에 매진했습니다. 그야말로 '피, 땀, 눈물'을 시험공부에 쏟아부었습니다. 결과는 어땠을까요? 시험결과에 모든 인생을 걸어버린 듯한 현종이 모습이 여러분은 어떻게 느껴지시나요?

공부하기에 게으른 자녀도 안타깝지만 공부가 인생의 전부인 양 생각하는 자녀를 지켜보는 것도 힘든 일이 아닐 수 없습니다. 인생의 전부라 생각하는 것을 잃어버린다면 그 상실감은 인생의 상실이 되니까요. 현종이는 2학기에도 노력과는 달리 꼴찌 수준을 벗어나지 못했습니다. 그제서야 알게 된 사실이 있었답니다. 다른 친구들도 현종이처럼 고1이지만 그들은 이미 고3 공부를 마치고 종합정리하는 수준이라는 것을 알게 됐던 거죠.

현종이는 치열했던 1년을 돌아보며 아무리 열심히 해도 자기 능력으로는 친구들의 진도를 도저히 따라갈 수 없다는 사실을 인정하고 말았습니다. 그 후부터 현종이의 눈빛은 점점 총명을 잃어갔습니다. 그리고 몸짓은 마치 좀비가 된 양 움직임이 거의 없는 상태로 변했고, 불안이 너무 높아 사소한 것도 집중할 수 없는 상태가 되어버렸습니다. 선생님의 권유로 병원을 방문했고 우울증을 진단받은 현종이는 삶을 체념하듯 절망감에 빠져들었습니다. 그리고 부모님의 권유로 자사고를 나와 일반고등학교로 전학했습니다.

일반고등학교로 전학한 뒤부터 현종이에게 이상한 일들이 벌어졌습니다. 아이들이 수군거리는 목소리가 크게 들려 귀를 막고 책상에 엎드리면 누군가 등을 치며 말했다고 합니다. "야! 바보 멍청이!" 깜짝 놀라 머리를 들어보면 친구는 이미 도망가고 없었습니다. 반대쪽에서 아이들이 모여 말하는 소리가 또 들려왔습니다. "하하하하." "쟤 바보야!" "쟨 저렇게 공부해도 꼴찌야. 하하하하." 교실을 뛰쳐나왔더니 아이들이 현종이를 둘러서서 손가락질하며 "넌 괴물이야!" "죽어라. 왜 사냐?"라며 소리쳤다고 합니다. 그래서 현종이는 귀를 막고 복도를 뛰쳐나왔습니다. 그 후에도 교실 한구석에서 주저앉아 있거나 복도 구석에 쪼그리고 앉은 현종이 모습이 친구들로부터 종종 발견됐다고 합니다.

현종이는 병원에서 조현병 증상이라는 진단을 받고 약물치료를 시작했으며 부모님과 함께 상담실을 찾아 저와 만날 수 있었습니다. 현종이에게 보이는 망상과 환청은 그리 오래 지속된 현상은 아니었기에 단기정신증으로 그칠지, 아니면 정신분열증으로 확정될지 지켜보아야 합니다.

현종이는 그동안 얼마나 힘들었는지 고통을 위로받았을 뿐 아니라 누구보다 뛰어난 재능을 가지고 있음을 깨닫고 원망이 오히려 감사하는 마음으로 바뀌어 갔습니다. 그리고 자신이 가진 고유한 잠재력을 발휘하는 삶이 인생의 목적임을 깨닫게 됐습니다. 안정을 찾아가는 지금의 모습처럼 앞으로도 더 좋아질 수 있길 간절히 바랍니다.

정신분열증은 정신증에 속하는 대표적인 장애로서 정신증 중에서도 가장 전형적이고 가장 심각한 장애라 할 수 있습니다. 앞서도 말씀드렸듯 정신분열증은 청소년기 이후에 나타날 수 있는 정신장애로 10대 후반에서 30대 중반에 발병하며, 청소년기 이전에는 발병하는 경우가 극히 드문 것으로 알려져 있습니다. 즉, 불안정한 시기인 청소년기를 통과하면서 촉발할 수 있는 장애라는 것이죠. 그러므로 청소년 시기에 아이들이 감당하기 어려운 스트레스를 경험하는 것은 위험할 수 있습니다.

청소년들은 심리적 에너지가 내면으로 향하는 불안정한 시기를 보냅니다. 그리고 자기 정서에 대한 인식 수준이 높아져 슬픔을 더 큰 슬픈 것으로 느끼고 작은 아픔에도 큰 상처를 받을 수 있으며 감당하기 어려운 문제 앞에서 절망하게 됩니다. 또한 이 시기에 급증하는 성호르몬은 공격성과 우울감을 일으키는 요인으로 아이들의 정서에 영향을 미치게 되죠. 이처럼 청소년 아이들의 정서는 매우 불안정한 상태라는 것을 이해해야 합니다.

그런데 발달적으로 불안이 높은 시기에 감당하기 어려운 환경적 스트레스가 가중될 때, 아이들은 어른들이 예상하기 힘든 수준의 고통을 느낄 수 있습니다. 그야말로 극한의 상황에서 극도의 불안을 느끼는 것이죠. 그래도 대부분의 아이들은 혼란을 극복하며 정상적으로 발달하지만, 당면한 어려움을 제대로 해결해내지 못한 청소년들은 다양한 심리적 부적응을 경험하며 성인기까지 그 문제가 지속적으로 영향을 미칠 수 있습니다. 그러므로 아이들이 감내하기 어려운 스트레스가 가중되지 않도록 살피는 것은 부모의 중요한 역할입니다. 아이들은 힘겨움 속에서도 엄마, 아빠가 안심시켜 줄 때, 그 불안을 견디며 잘 성장할 수 있기 때문입니다.

어쩔 수 없는 고통의 현장에 맞닥뜨리더라도 부모의 도움이 있다면 아이들은 그 어려움을 극복해낼 수 있습니다. 불안정한 이 시기에 아이들의 정서를 살피고 지지해 줄 수 있는 따뜻한 엄마로 있어 주시길 바랍니다.

현악기의 줄을 고르다

> ""

스키조피니아(Schizophrenia)는 '분열된, 분리된'의 뜻을 가진 헬라어 '스키조(Schizo)'와 '마음의, 정신의'라는 뜻을 가진 '피니아(phrenia)'가 합쳐진 합성어로, 우리나라 말로는 '정신분열증'입니다. 정신분열증이라는 용어에는 '분열된 마음' 혹은 '분열된 정신'이라는 와해되고 파괴적인 뜻을 포함하고 있습니다.

우리나라에서는 정신분열증에 대한 이러한 사회적 편견을 해소하고, 보다 긍정적인 명칭으로 개정할 필요성을 느껴 2011년도에 '조현병'이라는 용어로 변경해 지금까지 사용하고 있습니다. '조현'이라는 단어는 한자어 고를 조(調)와 악기 줄 현(絃)을 사용해 '현악기의 줄을 고르다'는 뜻을 가지고 있습니다. 이는 악기의 줄이 잘 맞지 않으면 제대로 연주를 할 수 없지만, 다시 악기의 줄을 잘 고른다면 아름다운 선율을 낼 수 있는 것처럼 정신분열증에 대한 보다 희망적이고 긍정적인 메시지를 제공해줍니다. 하지만 조현병은 증상이 시작되는 초기에 적절하고 집중적인 치료를 받지 않아 만성화되면, 한 인간을 황폐화시켜 사회에 적응하기 어려운 폐인으로 만들 수 있는 무서운 정신장애이기 때문에 매우 중요하게 다루어져야 합니다.

정신분열증의 진단기준은 미국정신의학협회에서 발간한 DSM-5 의 정신장애분류체계에 따릅니다. 여기에 제시된 현저한 증상들이 6 개월 이상 지속될 경우 '조현병'으로 진단되는 것입니다. 물론, 단번에 조현병을 알아낼 수 있는 검사는 없지만, 심리검사를 비롯한 당사자의 자기경험과 주변 사람들의 관찰 및 치료 팀의 관찰결과 등을 종합적으로 판단해 정신과의사가 결정하는 것입니다.

조현병의 증상은 크게 양성증상과 음성증상으로 분류되는데, 음성증상은 정상인들에게도 나타나는 기능 중 무척 결여된 상태들이지만, 양성증상은 조현병 환자에게만 두드러지게 나타나는 증상이기 때문에 무척 중요하게 다루어지는 요소입니다. 대표적인 양성증상은 바로 '망상과 환각'이며, 와해된 언어와 행동도 이에 속합니다.

'망상'은 조현병의 가장 대표증상으로, 자신과 세상에 대한 잘못된 강한 믿음을 가지는 현상입니다. 이는 분명한 반증에도 불구하고 견고하게 지속되는 신념인데, 망상의 내용이 다른 사람에게는 부자연스러울지라도 자신은 피할 수 없는 완벽한 진실로 인지합니다. 망상은 그 주제나 내용에 따라 피해망상, 과대망상, 관계망상, 애정망상, 신체망상 등으로 구분할 수 있습니다.

두 번째 증상은 왜곡된 비현실적 지각이라는 '환각'입니다. 가장 흔한 환각경험은 누군가의 목소리가 들리는 환청인데, 이런 증상이 시각적 형태로 나타나는 환시와 후각적 형태로 나타나는 환후도 있으며, 피부로 무언가를 느끼는 환촉과 맛으로 느끼는 환미도 있습니다.

조현병의 대표증상인 '망상과 환각'이 6개월 이상 지속될 경우, 정신분열증을 의심할 수 있으니 이런 증상이 보일 때, 전문가의 도움이 반드시 필요합니다.

아이들의 뇌는 '지금 한창 공사 중!'입니다.

.
.
.

중독상태는 단지 심리적, 정신적 변화만을 경험하는 것이 아닙니다.

이 말은 중독자들에게 중단을 권유하거나 호소하고 엄포를 놓으면

치료될 수 있는 것이 아니라,

중독은 뇌의 병적 상태이며

만성질환임을 알아야 한다는 것입니다.

Part 7

청소년 뇌의 비밀
그리고 중독된 뇌

청소년 뇌의 비밀

"얘가 뻔한 거짓말을 하는 거예요. 나를 놀리는 것 같기도 하고…"

"버럭 화를 내더니 또 펑펑 우는데 지가 억울한 게 뭐가 있다고요."

상담실을 찾은 부모님들은 거의 한결같이 사춘기 아이들의 행동이 이해되지 않거나 그들의 변화무쌍한 감정 때문에 곤욕을 치른다고 합니다. 왜냐하면 뻔한 잘못을 저질러 놓고 되려 억울해하고, 충동적으로 화를 내거나 쉽게 짜증내기도 하며, 때로는 혼자 오해하고서 슬프다며 눈물을 쏟기도 하기 때문입니다.

이렇듯 걷잡을 수 없는 청소년들을 여러분은 어떻게 대하고 계십니까? 저는 그 해답을 청소년들의 '뇌'에서 찾고자 합니다. 사춘기 아이들은 타인의 감정이나 상황에 대한 이해가 부족해 무척 자기중심적인 특징이 있습니다. 그리고 충동적이어서 무분별한 행동을 촉발하고 성급하게 방어하기도 하는데, 순간적인 자극에 예상치 못한 공격적인 행동을 드러내기도 합니다. 그런데 청소년들의 이런 특징이 그들의 뇌구조와 상당한 연관성이 있다는 것입니다. 과연 청소년들의 뇌에는 어떤 비밀이 숨겨져 있을까요?

사실 청소년기는 삐아제(Jean Piaget)의 인지발달 단계에 의하면 12세 이상인 '형식적 조작기'에 해당합니다. 이 시기는 인지발달의 최정점으로 가설추론과 연역적인 사고, 그리고 추상적사고까지 가능해져서 문제해결능력이 좋아지는 최상의 뇌 활성화시기라고 할 수 있죠. 이 시기의 아이들은 가치와 규범은 물론 상징적인 의미까지 해석할 줄 아는 능력을 갖추어 갑니다. 한마디로 말하면, 예전에 비해 엄청 똑똑해진다는 겁니다.

인간의 뇌구조를 단순화시켜 보면, 기능에 따라 크게 세 부위로 나뉘어집니다. 가장 안쪽에 기본적인 생명유지 역할을 하는 뇌간이 있고, 중간에는 감정을 주관하는 변연계가 있으며, 가장 바깥쪽에 이성적 판단을 주관하는 전두엽이 있습니다. 청소년기는 이 전두엽이 활성화되어 뇌성장이 절정을 이루는 시기입니다.

그런데 청소년들의 이 뇌 구조에 숨겨진 비밀들이 있습니다. 우선 청소년기는 뇌의 급성장으로 전두엽이 활성화됨에 따라, 전두엽 주변의 신경세포들이 지나치게 과잉연결되어 있어서 정보체계가 아주 비효율적이라는 것에 문제가 있습니다. 그로 인해 사춘기 아이들이 정확한 판단을 내리기 어려워 충동적이고 무분별한 행동을 촉발하게 됩니다. 이것은 마치 전선이 제대로 연결되지 않고 서로 엉켜져 있는 상태여서, 아이들의 판단을 더욱 어렵게 만든다는 겁니다.

청소년의 뇌와 관련된 또 하나의 비밀은 정보를 전달하는 경로에 있습니다. 성인은 시각정보가 주어질 때 곧바로 전두엽으로 전달되는 '직접적인 경로'를 이용하지만, 청소년들은 그 정보가 멀리 돌아서 전두엽에 도달하는 '간접경로'를 이용하기 때문에, 정보가 전달되는 사이에 충동적인 행동이 일어날 가능성이 높습니다. 그래서 이성적인 판단을 하기 전에 공격해버리거나 쉽게 외면해버리는 행동이 나타나는 것이죠.

청소년들의 뇌가 가진 또 다른 비밀은 감정적인 정보를 처리할 때 사용하는 뇌 영역이 성인과 다르다는 사실입니다. 성인들은 감정을 추론할 때 전두엽을 활용하지만 청소년들은 감정행동을 자극하는 '편도체'를 주로 사용하는 것으로 알려져 있습니다. 그래서 상대방에 대한 합리적인 추론에 앞서서 정서적인 자극을 받아, 감정적으로 성급하게 방어하거나 또는 성급하게 공격하는 행동을 하게 되는 것입니다.

마지막으로 청소년들의 뇌는 급격히 증가하는 호르몬의 영향을 받습니다. 일반적으로 도파민은 자극적인 쾌락을 추구하는 뇌 호르몬으로 알려져 있죠. 사춘기가 되면 이 도파민의 분비가 가장 많이 활성화됩니다. 사춘기에 나타나는 도파민의 과다분비는 아이들로 하여금 감각적인 자극을 더욱 추구하게 만들고, 모험적인 행동에도 점점 더 빠져들게 합니다.

최근 뇌 과학 연구에 의하면 남녀 모두 평균 27세가 되어야 전두엽이 완성된다는 사실이 밝혀졌습니다. 그만큼 전두엽의 완성과 활용이 늦어질 수밖에 없는 것이지요. 이렇듯 청소년들의 뇌는 '지금 한창 공사 중!'이라는 것을 기억해야 합니다. 이 공사가 잘 진행되어서 멋지게 완공될 수 있도록 부모님과 선생님들의 배려와 기다림이 필요합니다.

청소년들의 두 가지 왜곡된 신념

"

중3인 영호(가명)는 공부보단 놀기를 너무 좋아합니다. 초등학생 때는 방과 후 학원도 열심히 다니고 엄마가 짜주는 계획대로 잘 따라 주며 선생님 말씀도 잘 듣던 모범생이었다고 합니다. 하지만 지금 영호에게선 그런 모습을 찾아볼 수가 없습니다. 중학생이 되면서 소위 잘 노는 친구들과 어울리다보니, 이 세상엔 공부보다 재미난 게 너무 많다는 걸 알아버린 것이죠.

영호는 그저 놀고 싶어서 그런다고 말은 하지만, 함께 어울리는 무리의 행동은 그리 바람직하지 않았고 점점 과격해졌습니다. 학교 수업을 빼먹는 건 다반사고, 수업시간에 잠자고 있는데 선생님이 깨운다며 큰소리치고, 약해보이는 아이들에게서 삥을 뜯고, 편의점에서 도둑질하는 등 아이들의 행동을 보면 한마디로 '비행 청소년'에 가까웠습니다.

이런 무리의 선두에 서 있는 영호는 어느새 무리를 이끄는 학교의 일진이 됐습니다. 영호의 이런 반항적 행동이 그저 놀고 싶다는 욕구에서만 출발한 것은 아닙니다. 지나치게 통제적인 엄마와 매사에 폭력적인 아버지를 경험해오면서, 영호의 내면에 똬리를 틀고 있던 분노 감정이 다양한 일탈행동으로 촉발된 것이었죠.

상담자인 저를 신뢰하게 된 영호는 상담실에서 만날 때마다 한결같이 하는 말이 있었습니다. "선생님! 절 좀 믿어주세요! 저는 못된 저런 애들하고는 차원이 달라요. 저는 양아치들처럼 절대 범죄는 안 저질러요. 그리고 아무리 위험해보여도 전 절대 다치지 않아요! 나는 특별하고 멋진 상남자거든요!"

중2학년인 지영(가명)이는 친구와 의견이 맞지 않으면 마음속에 화가 치밀었습니다. 그런데 화가 생길 때마다 몸에 이상현상이 나타났습니다. 근육이 뻣뻣해지고 온몸이 아파온다는 걸 느꼈죠. 화가 나면 몸이 아팠습니다. 게다가 집에서는 엄마와 부딪히는 일이 많았고, 또 동생은 아예 언니를 무시하며 잘 대우하지도 않았습니다. 지영이 눈에는 두 자녀를 애쓰며 키워온 엄마의 힘겨움이나 한창 활발할 나이인 동생의 성장과정, 그리고 서로 다를 수밖에 없는 친구들의 생각이나 행동은 전혀 보이질 않았습니다.

발달심리학자 엘킨드(David Elkind)는 청소년기에 나타나는 '자기중심적 특징'에 주목하며 이와 관련한 재미난 두 가지의 이야기를 들려줍니다.

첫째는 '상상적 청중'입니다. 이것은 주변 모든 사람들을 청중 혹은 관중으로 생각하는 청소년들의 이야기입니다. 청소년기 아이들은 자신이 마치 무대 위의 주인공이 된 것처럼 생각해, 사람들의 시선이 모두 자신을 향하고 있다고 믿습니다. 그야말로 사람들은 '상상 속의 청중'인 것이지요. 이런 상상은 주변 시선을 지나치게 의식하게 만들어 아이들이 매우 과장된 행동을 하거나 아니면 작은 실수에도 예민해져 위축된 태도를 보입니다.

둘째는 '개인적 우화'라는 이야기입니다. 청소년기 아이들은 자신을 아주 특별한 존재라고 인식하는 독특성이 있습니다. 자신은 독특하고 특별하기 때문에 다른 사람들은 자기를 이해할 수 없을 뿐 아니라 위험한 일이 닥치더라도 자신에겐 아무런 해가 되지 않는다는 착각 속에 빠져 있습니다. 마치 우화 속 주인공인 것처럼 말이죠.

이렇듯 청소년기 아이들은 사람들이 자신에게 무척 관심이 많다고 생각하고, 자신은 특별한 존재라고 인식하는 '두 가지 왜곡된 신념'을 가지고 있습니다. 이런 왜곡된 신념은 매우 자기중심적인 행동으로 나타나게 되지요.

청소년들의 이런 특징은 다른 사람의 관점을 인식하는 능력이 없어서라기보다, 지나치게 자신에게 몰입되어 있어서 타인의 관점을 잘 들여다보지 못하는 청소년기의 독특성입니다. 심리학자들은 아이들이 많은 사람들과 다양한 경험을 함께하면서, 자연스럽게 타인의 관점을 이해하게 된다고 말합니다. 즉, 자기 세계에 빠져있는 아이들이 여러 만남을 통해 타인의 생각과 행동을 경험하다보면, 자기중심성에서 탈피할 수 있다는 겁니다. 건강한 관계경험을 축적해가면서 자기에게 몰입된 세계가 서서히 사라지는 것입니다.

이런 독특성이 청소년기에 나타날 수 있음을 안다면, 아이들의 행동을 좀 더 넓은 마음으로 지켜볼 수 있을 것입니다. 조금 있으면 지금보다 훨씬 더 성숙해질테니까요. 청소년들이 타인의 관점을 찬찬히 생각해볼 수 있도록 부드러운 기회를 줘 보시기 바랍니다. 이 또한 곧 지나갑니다.

중독된 뇌!

"

'우리는 중독을 어떻게 다루어야 할까요?' 저는 상담실에서 중독 문제로 고민하는 청소년들과 부모를 종종 만났습니다. 제가 만났던 아이들은 게임, 도박, 성 등 다양한 중독문제를 가지고 있었습니다. 그들이 만약 과몰입하는 단계를 넘어서 중독증상으로 발전된 상태라면 중독상담 전문기관이나 병원치료로 연계되어야 합니다. 왜냐하면 중독문제는 단순한 의지박약의 문제가 아니라, 두뇌를 공격하는 만성질환이기에 그에 맞는 적절한 치료가 필요하기 때문입니다.

저는 박사과정 중 중독에 대해 깊이 공부할 기회가 있었습니다. 여러 중독문제의 증상과 원인 및 치료방법을 탐색했고, 중독자를 돕는 치료모임에도 참여해 구체적인 치료과정도 공부했습니다. 이런 경험과 연구과정은 상담실에서 중독문제를 가진 내담자를 만날 때 그들을 이해하고 치료하는 데 유용한 치료적 접근으로 활용됩니다. 하지만 중독문제를 다룰 때는 일반상담기관에서는 한계가 있기 때문에 전문기관, 특히 병원을 통한 치료가 병행되어야 합니다. 왜냐하면 중독치료는 일반상담과는 다른 특징이 있기 때문입니다.

중독에 대한 치료는 왜 일반상담과 다른 접근이 필요한 걸까요? 중독상태는 단지 심리적이고 정신적인 변화만 경험하는 상태가 아니기 때문입니다. 이 말은 중독자들에게 중단을 권유하거나 심리적으로 지지해주고 공감하거나 아니면 엄포를 놓는 등 대화 형식만으로 치료할 수 있는 상태가 아니라는 것입니다. 중독은 질병이며 그것도 뇌의 병적 상태인 만성질환임을 반드시 알아야 합니다.

예를 들면, 알코올 중독자는 뇌 안의 의사소통 시스템이 일반인과 다르게 작동합니다. 마치 누군가가 몽키스패너를 가지고 억지로 돌려서 뇌의 작동이 다르게 만드는 것과 같습니다. 신경전달물질의 양과 종류, 비율 등을 바꿔버려 그들의 뇌 속에는 수백만의 작은 사람들이 술을 마시라고 권하는 것과 같은 상태가 됩니다. 즉, 중독상태는 만성질환이며 뇌가 손상된 상태라는 것을 알아야 합니다.

물질이나 행동에 중독되면 뇌가 물리적인 손상을 입습니다. 뇌는 크게 바깥 부분인 피질과 안쪽 부분인 변연계로 나뉘는데, 중독된 사람들은 뇌의 피질과 변연계가 모두 손상된 상태입니다. 그런데 대화치료는 대뇌피질의 문제를 고치는 데는 도움을 주지만, 대뇌 변연계나 다른 뇌의 깊은 쪽에는 영향을 미치지 못하는 것으로 알려져 있습니다. 그렇기 때문에 중독자는 치료법을 듣고 이해한다고 해도 억제하기 힘든 정서적 욕구는 그대로 유지되는 것이죠.

중독자가 집착을 버리는 대화치료를 받는다하더라도, 강력하고 말초적인 유혹 앞에서 "아니야!"라고 대답하기가 쉽지 않습니다. 이것은 수많은 중독자들이 초기 회복단계에서 재발하는 원인이기도 합니다.

중독자들은 그들의 상담사가 시키려는 바를 간단히 받아들일 수 없습니다. 받아들인다 해도 감정적이고 물리적인 강력한 중독의 유혹에서 벗어나기가 매우 힘듭니다. 그래서 중독에 기인한 뇌질환은 의학적인 치료가 필요한 것입니다. 그러므로 중독치료는 뇌를 치료하기 위한 항중독제의 사용이 요구됩니다. 가장 바람직한 중독치료는 약물치료와 상담치료를 병행하는 통합관리 시스템의 접근입니다.

누미노제

"

"선생님! 어떻게 할까요? 안 하려고 해도 그때뿐이에요. 불안하고
초조하고, 멈추지 못하는 나 자신이 너무 싫어요!"

중독문제로 고민하는 사람들이 있다면, 그들은 자신의 행동이 변
화되어야 함을 인식하는 상태입니다. 하지만 스스로 변화하려는 마
음이 없는 사람들은 자신의 중독증상에 대해 고민하지 않습니다. 이
들은 반복되는 행동과 물질사용이 위험하다는 사실을 전혀 믿지 않
으며, 변화에 대한 동기도 찾아볼 수 없기 때문입니다. 그렇기에 중독
을 치료하는 데 있어서 가장 우선되는 것이 바로 '변화하려는 마음'입
니다. 즉, 자신이 처한 위기상태를 인식하고, 이제 변화되어야 할 존재
임을 받아들이는 것이 중독을 치료하는 첫 출발점입니다.

스스로 변화해야 함을 인식해야 회복을 위한 치료를 준비할 수 있고, 나아가 치료를 위한 대처행동을 실천할 수 있으며, 결국엔 회복이라는 결과를 경험할 수 있는 것입니다. 그래서 중독치료에서 무엇보다 중요한 요소는 바로 '자신의 상태를 인식하는 것'입니다.

중독은 단순한 과몰입 상태가 아닙니다. 뇌가 손상된 상태이기 때문에 손상된 뇌를 회복해야 한다는 어려움이 있습니다. 그래서 예전에는 '죽어야 중독이 끝난다!'라는 말이 있을 정도였지요. 그만큼 중독은 헤어나오기 어려운 늪에 빠진 상태와도 같은 것입니다.

중독치료가 이토록 어려운 이유는 무엇일까요? 그것은 아마 최선의 노력을 기울여 어렵게 중단했을지라도, 대부분의 중독자들이 다시 원상태로 돌아가기 때문입니다. 많은 중독자들이 치료과정에서 재발을 경험하며 절망에 빠지고, 재발 후에는 오히려 더 심한 상태로 전락해버리는 것이 현실입니다. 하지만 재발하는 것이 절대 치료될 수 없음을 의미하는 것은 아닙니다. 오히려 여기에 희망이 있는 거지요. 중독은 급성질환이 아니라 만성질환이며, 그렇기에 재발은 당연한 현상입니다. 천식이나 당뇨병처럼 중독은 일생동안 관리하고 억제해야 할 질병이기 때문입니다.

중독의 원인은 매우 복잡하고 다양합니다. 물질이나 행동자체에 마력이 있을 수 있고, 인지적인 요소와 사회문화적인 요소도 영향을 미칠 수 있으며, 개인이 가진 자극추구성향과 충동성이 중독을 일으킬 수 있고, 가족적 환경도 중요한 원인이기도 합니다. 하지만 중독의 심리학적 원인은 대부분 양육자와의 관계로부터 출발합니다. 어린 시절 부모로부터 충분한 정서적 반영을 받지 못한 사람들이 자기의 결핍을 메우기 위해 중독물질이나 행동에 빠지는 것이라고 자기심리학자 코헛(Heinz Kohut)은 주장했지요. 그리고 대부분의 대상관계론자들도 중독이 '애착장애'로 인해 결여된 친밀감을 물질이나 행동을 통해 공허함을 잊으려 하는 것이라고 설명합니다. 즉, 어떤 물질이나 행위를 통해 그토록 바라던 엄마를 간절히 찾는 모습인 것이죠.

위대한 심리학자 칼 융(Carl Gustav Jung)은 중독에 대해 이렇게 말했습니다. '누미노제' 경험만이 중독을 치료할 수 있다구요. 즉, 우리 안에서 하나님의 은혜를 체험하는 것만이 헤어나오기 어려운 중독을 치료할 수 있다고 했습니다. 융은 자기 힘으로 중독문제에서 벗어날 수 없음을 깨닫고, 전적으로 하나님을 신뢰하는 것이 중독을 치료하는 유일한 길임을 강조했습니다.

제럴드 메이(Gerald Gordon May)라는 정신의학자도 자신의 저서를 통해 "중독은 하나님의 은혜로만 치료될 수 있다."고 말했습니다. 의지로 해결할 수 없고, 약물로도 완벽하게 치료할 수 없기 때문이지요.

모든 중독은 하나님의 은혜와 도움 없이는 결코 해결되거나 회복될 수 없습니다. 우리는 하나님의 은혜가 중독을 다루기 위한 희망이며, 중독의 파괴력을 극복할 수 있는 유일한 힘임을 알아야 합니다. 벗어나기 어려운 중독문제를 온전히 치료할 수 있는 분이 하나님한 분임을 인정하고, 그분께 도움을 구하는 자세가 필요한 것이지요. "헤어나올 수 없는 중독은 헤아릴 수 없는 은혜로만 치료될 수 있습니다."

우리 아이들이 마음의 공허함을 메우기 위해 '가짜 엄마'를 찾는 중독에 빠져들지 않도록, 부모의 역할은 참으로 중요합니다. 부모로부터 사랑을 체험함으로써 하나님의 크신 사랑을 신뢰할 수 있도록 '따뜻하고 조건없는 사랑'이 요구됩니다.

감정! 특히 부정적 감정은 표현되지 않으면 해결되기 어려워요.

내 감정을 건강하게 표현하는 방법을 아는 것이

건강한 삶의 비결입니다.

그런데…

부정적인 감정을 다루는 방법도 부모로부터 출발해요.

Part 8

고통을 견디기 위한
잘못된 방법

감정을 잘 표현하지 못하는 아이들

"

"저는 항상 웃고 있어요. 마음은 너무 괴로운데 그런 티를 전혀 내지 않아요."

"저는 제 감정이 어떤지 잘 모르겠어요."

"맘속 이야기를 전한다 하더라도 아마 변화는 일어나지 않을 거예요."

지은(가명)이는 언제나 웃는 얼굴이 인상적인 친구입니다. 그래서 주변 사람들은 "지은아 너는 항상 기분이 좋은가 봐."라고 말합니다. 그런데 가만히 살펴보면 상대방이 화를 낼 때도 웃고 있고, 선생님이 지적하거나 친구들이 오해하는 억울한 상황에서도 지은이는 항상 웃고 있었습니다.

어느 날 해맑게 웃고 있는 지은에게 "기분 좋은 일이 있나보다. 표정이 참 밝아 보이네."라고 물었더니, 지은이는 고개를 저으며 말했습니다. "제 마음은 너무 힘든데 이상하게 자꾸 웃음이 나와요." "기분이 안 좋고 화나고, 슬프다는 것을 주변 사람들에게 말하지 못하겠어요." 그러면서 지은이는 두 눈에 고인 눈물을 닦았습니다.

웃는 표정 속에 가려진 지은이의 슬픈 마음이 느껴지는 순간이었죠. 사실, 지은이는 친구 때문에 화가 났을 때도 그냥 웃으며 지나쳤고, 선생님께 혼났을 때도 억울한 부분이 많았지만 아무런 설명도 하지 못한 체 그냥 웃어버렸던 겁니다.

시훈(가명)이는 엄마가 무슨 말을 하기라도하면 과도한 화를 냅니다. 엄마가 핸드폰을 그만 보라고 하거나 숙제하지 않은 것에 참견하면 시훈이는 짜증 내는 수준을 넘어 화를 폭발해버립니다. 어떤 날은 물건을 집어던져 동생을 다치게 한 일도 있었습니다. 시간이 갈수록 화내는 강도가 심해져 엄마가 자기 요구를 들어주지 않거나 무엇이든 원하는 대로 되지 않으면 화내고 소리치며 울어버리는 행동으로 이어졌습니다. 마치 화로 똘똘 뭉쳐진 커다란 덩어리가 시훈이를 삼켜버린 것만 같습니다.

우리는 살면서 많은 감정을 경험합니다. 감정에는 기쁨, 즐거움, 감사함, 좋음, 설렘 같은 유쾌한 감정도 있지만 불쾌한 감정도 당연히 존재합니다. 분노, 우울, 슬픔, 불안, 공포 같은 부정적인 감정을 우리는 다양한 상황에서 여러 강도로 경험합니다. 좋을 때는 긍정적인 감정을, 좋지 않을 때는 부정적인 감정을 느끼는 것은 지극히 당연한 현상일 겁니다. 그런데 많은 사람들이 부정적인 감정을 좋지 않은 것으로 인식해 그 감정을 표현하는 것을 꺼려하는 경향이 있습니다.

특히, 어릴 적부터 힘든 감정을 자연스럽게 표현하지 못하는 가족적 분위기에서 성장한 사람들은 자기감정을 억압하거나 다른 것으로 돌리는 행동이 고착되어 당연히 경험하는 감정들을 건강하게 표현하지 못합니다. 부정적인 감정을 느끼는 것은 힘들고 때론 고통스러운 일일 수 있습니다. 그래서 어떤 이들은 그걸 무시해버리거나 회피하고 억압하는 방법으로 자기감정을 모른 체하려 합니다. 하지만 그런다고 해서 힘든 감정이 결코 사라지는 것은 아니지요.

적절하게 표현되지 못한 감정들은 없어지지 않고 오히려 왜곡된 형태로 나타납니다. 감정을 왜곡하는 방법은 지은이같이 부정적 감정이 없는 것처럼 행동하거나, 아니면 시훈이같이 감정만 있는 것처럼 사는 방법입니다. 불쑥불쑥 생겨나는 힘겨운 감정들이 해결되지 않으면 올바른 판단이나 집중이 어렵고, 살아가는 삶 자체가 고통스러울 수 있으며, 어떤 이들에겐 아픈 마음을 몸이 아픈 것으로 표현하는 신체화가 나타나기도 합니다. 감정을 꾹꾹 눌러 참아버리거나 걷잡을 수 없는 분노로 쏟아버리는 것은 우리를 더욱 힘들게 만들 뿐입니다. 자기감정을 그대로 알아주고 건강하게 표현할 수 있는 방법을 배우고 익히는 것은, 우리가 해야 할 매우 중요한 과제입니다.

진짜 감정, 가짜 감정

"화를 내는 데는 다 이유가 있는데, 아무도 내 맘을 모르는 것 같아요."

"엄마가 다시 떠나버릴까봐 저는 엄청 무섭거든요."

한별(가명)이는 2살 때 보육원에 들어와 고3이 되기까지 양육시설에서 생활하고 있습니다. 부모님의 존재를 까마득하게 모른 채 성장했던 한별이는 5학년이었던 어느 날 보육원의 한 기록장에서 자신이 태어난 병원명을 발견하게 됐습니다. 태어난 병원을 안다면 자기를 낳은 부모도 찾을 수 있을 거라는 생각을 한 한별이는 직접 병원에 전화를 걸어 부모의 연락처를 물었다고 합니다. 그런데 놀랍게도 그 기록이 아직 남아있었고, 딸의 요청이라는 이유로 연락처도 알게 됐습니다. 고아로 살다가 자기를 낳아준 부모를 만난다는 것은 아이의 생애에 엄청난 사건일 것입니다. 한별이는 이제 따뜻한 가족의 품으로 들어갈 수 있다는 꿈에 부풀어 있었습니다. 하지만 장애아라는 이유로 자신을 버렸던 부모와 다시 만나 가족을 이루는 것은 그리 쉬운 일이 아니었습니다. 아빠는 여전히 한별이를 딸로 받아들이지 않았기에 같이 살 수 있다는 희망은 물거품이 되고 말았죠. 그나마 누릴 수 있는 최고의 행복은 엄마와 가끔 만날 수 있는 것과 정기적으로 대화 나눌 수 있는 시간이 생긴 거였습니다.

엄마와 만날 때마다 착한 딸처럼 굴었던 한별이는 요즘 부쩍 화내는 일이 많아졌습니다. '왜 주소를 가르쳐 주지 않냐' '왜 나를 믿지 못하냐'라며 엄마에게 떼를 쓰고, 몰래 시설을 빠져나와 하염없이 걷기도 했습니다. 시설 내에서는 같이 지내는 언니들과 다투는 일이 많아졌고, 매사에 짜증 내거나 폭력적인 행동을 일삼기도 합니다. 그래서 선생님들로부터 매우 충동적이고 폭력적인 아이라는 평가를 받아야 했습니다.

이처럼 한별이가 표현하고 있는 대부분의 감정은 화로 표출되는 커다란 '분노'였습니다. 자기를 믿어주지 않는 엄마에 대한 화, 오해를 풀지 않아 점점 멀어지는 친구에 대한 화, 자기 뜻대로 되지 않아 매사에 짜증과 화가 가득했습니다. 하지만 한별이 감정은 단순히 분노로만 설명될 수 있는 것이 아닙니다. 사실, 한별이 마음속은 분노 이면에 커다란 슬픔이, 그리고 슬픔 이면에는 두려움과 불안이, 두려움저 아래에는 엄마를 향한 강한 사랑의 열망이 깔려 있었거든요. 엄마로부터 다시 버려질지 모른다는 높은 불안은 아이의 마음을 고통스럽게 만들었고, 자신의 처지를 비관하는 슬픔은 주변 사람들에게 화로 변하여 분노로 표출됐던 겁니다.

정신역동치료가인 다반루는 무의식 내에서 발생하는 감정의 체계를 소개해 줍니다. 양육자로부터 심한 애착의 좌절을 경험한 사람들은 그 좌절이 고통과 슬픔을 일으키고, 고통과 슬픔은 타인에 대한 분노 반응을 일으키며, 그 분노는 결국 어느 누구와도 가까이 하지 않을 것이라는 무의식적 방어의 결정을 내린다고 합니다. 즉, 친밀감에 대한 방어라는 거품을 거두어 내면 그 속에 분노가, 분노의 껍질을 벗기면 그 속에 고통과 슬픔이, 고통과 슬픔을 헤쳐 내면 가장 밑바닥에 애착을 추구하는 강렬한 정서가 숨어 있다는 것이죠. 마치 사랑받고자 하는 열망을 분노라는 포장지로 덮어 버린 것과 같습니다.

이런 감정의 형태를 어떤 이들은 일차적 감정과 이차적 감정, 혹은 진짜 감정과 가짜 감정으로 설명하기도 합니다. 자신이 가진 이면 감정, 즉 진짜 감정에 집중하면 본인이 간절히 원했던 것이 무엇인지, 그리고 그것이 이뤄지지 않을 때 어떤 감정을 느끼게 되는지를 비로소 알게 됩니다. 내 감정은 나의 것이고, 동시에 타인의 감정은 내 것이 아님을 인정하게 될 때, 새로운 치료의 길이 열릴 수 있습니다. 자신의 진짜 감정을 들여다보십시오. 그리고 그 감정을 그대로 느껴보시기 바랍니다.

자해하는 아이들

"

"정말 죽을 것 같거든요. 숨이 막혀서 죽을 것 같은데… 그때 자
해하면 아… 이제 살았구나! 답답한 마음이 풀어지는 거예요."
"자해는 나를 벌주는 거예요. 내가 필요 없는 사람 같고 쓸모없다
는 생각이 드니까 나한테 벌주는 기분으로 자해했어요. 자해는
나에게 화를 내는 거라고 생각해요."

영진(가명)이는 어릴 때부터 부모님이 싸우는 장면을 목격하며 자
랐습니다. 부부싸움 중 고성이 오가거나 구타하는 장면을 보는 것만
으로도 자녀에겐 큰 상처인데, 부모의 폭행과 폭언은 서로의 갈등에
만 그치지 않고, 자녀인 영진이에게도 큰 영향을 미쳤습니다. 아버지
는 영진이 태도가 마음에 들지 않을 때마다 폭행을 일삼았고, 어머니

는 매사에 입에 담기 어려운 폭언을 아들에게 퍼부었던 겁니다.

부모에게 일방적으로 맞으며 자라왔던 영진이는 고등학생이 되면서 강한 분노를 표출하기 시작했습니다. 그럴수록 아버지의 폭행도 더 심해졌고, 그로 인한 부자간 다툼은 단순한 의견충돌을 넘어 심각한 사건사고로 치닫기도 했습니다. 부모뿐 아니라 교사들에게도 불만이 많아진 영진이는 어느 날 홧김에 선생님이 보는 앞에서 자기 팔을 칼로 그어버렸습니다. 그 후 영진이의 이런 자해시도는 단회적인 행동에 그치지 않았고 자주 목격되는 장면이었죠. 영진이는 칼로 손목을 그은 후 피를 흘리면서 아파트 옥상에 달려가 가만히 앉아있다 보면 이상하게도 미쳐버릴 것만 같았던 괴로운 감정이 서서히 가라앉는다고 했습니다. 영진이는 화가 치밀어오를 때마다 자기 몸에 상처를 내면서 마음의 고통을 해결하는 자해를 반복하게 됐습니다.

수영이(가명)는 학교에 있는 시간이 너무 괴로웠습니다. 친한 친구 하나 없는 교실은 마치 홀로 남겨진 외딴 섬 같았고, 공부에 대한 압박감은 숨을 턱턱 막히게 했습니다. 집에 돌아오더라도 다음 날 학교 갈 일이 매번 걱정됐습니다. 무기력하게 누워만 있는 딸을 보면서 화를 내는 엄마와 충돌하는 시간은 수영이에게 더 큰 스트레스였습니다. 이렇듯 수영이는 학교든 집이든 어느 곳 하나 편하게 마음 둘 곳이 없었죠. 그저 혼자 슬퍼하며 힘겨운 시간들을 홀로 견뎌야 했습니다.

힘들 때 스트레스를 풀 만한 적절한 방법을 찾지 못했던 수영이는 동영상에서 보았던 끔찍한 자해장면을 떠올렸습니다. "자해하면 힘든 마음이 괜찮아진단다."라는 어느 사연자의 글을 읽으면서 '나도 지금 너무 힘든데, 자해하면 정말 괜찮아지는 걸까?'라는 호기심으로 자기 손목에 작은 상처를 내기 시작했습니다. 피부가 빨갛게 부어오르거나 피가 맺히면서 서서히 마음속 고통이 사라지는 경험을 한 수영이는, 이제 힘들 때마다 날카로운 도구를 찾게 됐고 시간이 갈수록 자해하는 횟수도 점점 늘어 갔습니다.

영진이와 수영이처럼 우리 주변에는 생각보다 많은 청소년들이 자기 몸에 상처 내는 자해를 감행하고 있습니다. 다수의 보고서에 따르면 청소년 20%가 자해한 경험이 있고, 2018년도에 접수된 자해 관련 상담을 살펴보면, 전년 대비 3배 이상이나 증가했음을 확인할 수 있습니다.

자해는 특별히 자살하고자 하는 의도가 없는 행동일지라도, 자칫하면 죽음으로 이어질 가능성이 높기 때문에, 청소년들의 문제행동 중에서도 고위험군으로 분류됩니다. 자해는 죽으려는 시도는 아니지만 죽음과 직결되는 위험한 행동이죠.

위기에 처한 청소년들! 우리는 이 아이들을 어떻게 이해해야 할까요. 또 이들을 어떻게 도와주어야 할까요. 우리 몸은 하나님의 거룩한 성전임을 깨닫고 자신에 대한 가치를 발견할 수 있도록 부모와 교사는 남다른 사명을 가지고 자해청소년들 앞에 서야 합니다. 자해청소년들은 어떻게 치료될 수 있는지 계속 살펴보겠습니다.

의도적이고 지속적이며 무모한 행동

"

'청소년 범죄'를 키워드로 검색해보면, 수많은 청소년 관련 사건들을 찾을 수 있습니다. 김해 중학생 폭행사건, 인천 중학생 추락사, 인천 초등생 살인사건, 등 당시 방송에서도 떠들썩했던 사건 사고들을 떠올리면 그 잔인함에 지금도 가슴이 먹먹해집니다. 해를 더해갈수록 청소년들의 문제행동이 심각해지면서, 이젠 청소년 문제가 단순한 아이들 차원의 문제를 넘어서 사회적인 문제로 대두되는 상황입니다. 성인 못지않은 청소년들의 파괴적인 폭력성은 청소년 범죄에 대한 처벌을 강화해야 한다는 목소리를 높였고, 청소년 보호법에 대한 비판이 제기되기도 합니다.

2019년도에 여성가족부가 밝힌 청소년 통계에 의하면, 우리나라 청소년들의 사망원인 1위가 몇 년에 걸쳐 자살이 차지하고 있습니다.

자살은 그 시도에 성공하고 나면 개입할 수 있는 기회마저 사라지는 심각한 문제행동으로, 당사자는 물론 주변 사람들의 삶까지 황폐화시켜 사회적으로도 큰 문제가 아닐 수 없습니다.

최근 우리나라에 시급한 대책이 필요한 청소년들의 위기사례로 관심이 집중되는 문제행동이 있습니다. 그것이 바로 청소년들의 자해행동입니다. 아이들의 자해는 지금도 아이들 사이에서 유행처럼 번지고 있는 병적 행동이지요. 몇 년 전부터 우리나라 학교현장이나 SNS상에 '자해놀이' 혹은 '손목자해'라는 이름으로 비자살적 자해가 청소년들 사이에 전염병처럼 유행하고 있습니다.

청소년들의 자해현황을 밝힌 조사에 의하면, 중·고등학생들의 약 20%가 한 번 이상 자해를 경험했다고 보고하며, 전국 청소년상담센터에 접수된 자해관련 상담도 매년 급속도로 증가하는 추세입니다. 이런 확산에 따라, 학교는 물론 상담센터와 여러 청소년기관에서도 자해가 발생하면 위급한 사례로 인식해 빠른 개입이 이루어지고 있습니다.

그렇다면, 자해가 어떤 것이기에 아이들이 이런 행동에 빠져드는 걸까요? 청소년들 사이에서 나타나는 자해는 정확히 말하면 '비자살적 자해'라는 용어로 설명됩니다. 비자살적 자해라는 것은, 의도적으로 자신의 신체를 훼손하는 행동을 말하는 것으로, 이는 자살의 목적 없이 고의적이고 지속적이며 무모하게 스스로에게 상처를 입히는 행동으로 정의됩니다. 즉, 자살은 극단적이고 위협적이며 치명적인 자해행동이지만, 비자살적 자해는 의도적으로 반복하여 신체에 상처를 입히는 것으로, 치사성이 낮은 행동이라 할 수 있습니다. 하지만 아이들이 자해할 때 죽을 의도가 없다고 하더라도, 자해하는 과정에서 자칫 잘못하면 죽음으로 이어질 수 있기 때문에, 그 위험성은 결코 배제할 수 없습니다. 우리는 자녀들이 이런 파괴적인 행동에 몰입되지 않도록 관심을 기울여야 합니다.

고통으로 고통을 견디려는 아이들

”

"손목이 아프니까 차라리 낫더라구요."
"정신적으로 힘든데, 신체가 아파지니까 제 마음이 괜찮아졌다고
느낀 것 같아요."

지연(가명)이는 친구들의 이야기를 잘 들어주는 아이였습니다. 사
소한 연예인 이야기부터 학교나 집에서 벌어지는 여러 생활사건들, 그
리고 친구들끼리 다퉈서 일방적으로 호소하는 마음의 소리뿐 아니라
선생님께 혼났던 이야기며, 심지어 가족 간 벌어지는 내밀한 속사정
도 귀를 열고 들어주는 아이였습니다. 그래서 주변에는 지연이를 좋
아하는 친구들이 참 많았습니다. 그런데 정작 본인은 자기 마음속 이
야기를 친구들에게 잘 들려주지 못했습니다. 특히, 힘들거나 억울한

감정, 화나거나 슬픈 마음, 답답하고 괴로운 기분을 전혀 표현하지 못했습니다. 그저 혼자 억누르고 참으며 억지로 견뎌낼 뿐이었지요. "네가 가지고 있는 힘든 마음속 이야기들은 왜 하지 못하는 걸까?"라고 물었더니, 지연이는 "나 때문에 친구들까지 힘들게 하고 싶진 않으니까요."라고 대답했습니다.

부정적인 감정을 표현하지 않는 것에는 한계가 있습니다. 괴로운 마음을 참고 억누르면 어느 정도까지는 해결되는 것 같지만, 그 임계치를 넘어서면 감정은 마치 커다란 에너지 덩어리가 되어 결국 분출되고 맙니다. 어떤 이들은 큰 화로 폭발하고, 어떤 이들은 깊은 절망에 빠지기도 하며, 또 어떤 사람들은 마음이 아픈 것을 몸이 아픈 것으로 생각해 자리에 드러누워버리죠.

이처럼 감정이라는 것은 표현되지 않으면 해결하기 어려운 특성이 있습니다. 그래서 부정적인 감정을 건강하게 표현하는 방법을 아는 것이 건강한 삶을 위해 너무나 중요한 숙제입니다. 특히, 청소년기는 발달적으로 불안정한 시기이죠. 그런데 불안한 이 시기의 아이들이 스스로 해결하기 어려운 다른 스트레스에 봉착할 때, 그들이 느끼는 심리적 고통은 다른 시기의 사람들이 경험하는 것보다 훨씬 더 심각하게 다가옵니다.

2만여 명의 청소년을 대상으로 오랫동안 연구해왔던 스트롬맨이라는 심리학자는 청소년들이 경험하는 정서적 괴로움은 마치 고아가 된 것 같은 절망감이며, 자기를 증오하기까지 이르는 고통이라고 표현했으니까요. 그만큼 청소년들의 부정적 정서에는 깊은 구덩이에 빠져 헤어나오기 어려운 위험이 도사리고 있습니다.

감정을 잘 표현하지 못하는 아이들이 선택할 수 있는 부적응적이고 병적이며 극단적인 방법이 바로, 자해입니다. 자해는 정서표현의 어려움으로 촉발되는 긴장이완과 관련되어 있는데, 청소년들은 견디기 힘든 불안감이 엄습해오면 자신의 몸에 상처를 냄으로써 긴장이완을 감행할 수 있습니다. 이것은 부정적인 정서로부터 자신을 분리시켜 자기를 보호하기 위한 수단으로, 현재 느끼는 고통이 자신이 직면했던 문제에 의해서가 아니라, 자해에 의한 고통에서 유발됐다고 여겨 안정감을 얻고자 하기 때문입니다. 즉, 스트레스에 직면해 발생한 불쾌한 정서를 조절하기 어려울 때, 부적응적인 대처방안의 일환으로 자해를 시도하는 것입니다. 정서적 괴로움을 참기만 하던 아이들이 신체적 고통으로 마음의 고통을 대신하여 견디려는 잘못된 방법을 선택한 것이지요.

자해는 다른 사람에게 피해 주지 않고 혼자 해결할 수 있는 고통 해결법으로 사용되고 있답니다. 자해는 죽고자 하는 행동이 아니라 사실, 살고자 하는 강렬한 열망의 표현입니다. 잘못된 방법의 문을 열어버린 청소년들이 자해의 깊숙한 늪을 헤쳐나와 마음의 고통을 건강한 방법으로 해결할 수 있도록, 우리는 사명감을 가지고 이들을 도와야 합니다.

자해행동을 멈추기가 어려워요!

"

"자해하기 전에는 아무것도 안 보여요. 그래서 화장실로 막 달려 가는데… 그때는 빨리 자해해서 풀어야 한다는 생각밖에 없어 요."

"자해에는 중독성이 있어요. 마약같이 한 번 하면 계속하게 되는 것처럼요. 전 이미 중독돼 버린 것 같아요."

자해에 몰입된 청소년들을 만나면 이들에게서 발견되는 공통적 특성이 있습니다. 아이들은 한결같이 "자해를 멈추기가 어려워요!", "점점 더 강한 상처를 내야 해요.", "쾌감 때문에 계속 찾게 되는 거예 요."라며 자해 행동에 과몰입되어 헤어나오기 어려운 상태가 되어 있 음을 알 수 있습니다.

사실, 중독이라는 것은 '자제하지 못하는 반복적이고 강박적인 사용이나 행동'으로 정의되는데, 이것을 진단하는 데에는 구체적인 기준에 부합되어야 합니다. 그런데 자해의 반복적 특성이 행위중독의 특성과 매우 유사하다는 여러 연구 결과들을 확인해 볼 때, 아이들이 잘못된 자해에서 벗어나기 위해서는 행동의 중독적 특성을 들여다보지 않을 수 없습니다.

행위중독은 특정행동이 보상적 이득에 의해 반복될 경우에 나타납니다. 그리고 이 행동은 시간이 갈수록 더 강한 쾌감을 찾는 내성과 멈추었을 때 나타나는 금단증상, 그리고 일상생활에서 조절력을 상실하는 중독적 현상을 동반하게 됩니다.

자해에 몰입된 아이들은 사소한 이유로 단순하게 자해를 접하지만, 시간이 갈수록 점점 더 심각하고 위험한 행동으로 치달아갑니다. 긴장감과 불안감을 자해하며 풀었던 경험이 쌓이면서 비슷한 상황에서 다시 자해할 가능성이 높아지고, 더 날카로운 도구와 더 깊은 상처를 내야만 이전과 같은 쾌감을 느낄 수 있으며, 시간이 갈수록 오로지 자해에만 의지하면서 어느새 멈추고 싶어도 멈추기 어려운 상태로 변해버린 자신을 발견합니다.

자해하는 청소년들이 그 행동을 중단하기 위해서는 이들에 대한 다각적인 이해가 필요합니다. 우선, 자해를 유발하는 동기를 살펴 아이들이 어떤 상황에서 어떤 고통을 겪고 있는지 그들이 경험하는 내밀한 속사정을 들여다보아야 합니다. 그리고 자해는 중독적 특성이 강한 행동인 만큼, 중독의 회복모델을 지향하는 치료적 개입이 반드시 적용되어야 합니다. 특히, 스트레스를 푸는 잘못된 방법으로 자해를 사용했던 만큼, 청소년들이 정서적 고통을 해결할 수 있는 다양한 방법을 찾아 시도할 수 있도록 돕는 것은 자해치료를 위한 매우 구체적이고 실제적인 접근법입니다.

중독을 치료하는 변화모델을 살펴보면, 총 6단계의 과정을 거쳐 회복에 이름을 알 수 있습니다. 중독자들은 새로운 행동을 시도하고 그 행동을 유지하기까지 일련의 단계를 거칩니다. 변화할 마음이 전혀 없는 상태에서 출발해, 변화의 의지가 생기는 단계, 나아가 행동으로 실천하기 위해 준비하고, 적극적으로 노력하는 과정을 거쳐, 결국 변화된 행동을 유지하는 단계에 이르게 되죠. 멈추고 싶어도 멈추기 어려운 행동, 쉽게 헤어나올 수 없는 중독적 행동을 치료하는 과정은 결코 쉬운 일이 아닙니다.

제럴드 메이(May)라는 학자는 하나님의 은혜가 중독의 파괴력을 극복할 수 있는 유일한 힘이라고 했고, 칼 융(Carl Gustav Jung)은 우리 안에 있는 하나님을 체험하는 경험이 중독치료에 강력한 영향을 미치는 정신적 요소라고 강조했습니다. 하나님의 은혜를 경험하는 것이 자해청소년들의 의식과 행동을 변화시킬 수 있는 길임을 인정하고, 완전한 치료자이신 주님의 강력한 도움을 구해야 합니다.

감정을 표현할 수 있도록 도와주세요!

"

"화나도 대꾸하지 못하는 내가 바보 같아요!"

"저는 제 마음속 이야기는 잘 표현하지 못해요."

자해 청소년들은 대부분 자신의 부정적인 감정을 잘 표현하지 못하는 경우가 많습니다. 친구 사이에서도 일방적으로 상대방의 말을 듣기만 하거나, 자신의 마음속 이야기와 감정을 잘 드러내지 못해 괴로워합니다. 또한, 화나는 일이 생겨도 잘 대꾸하지 못함으로써 관계에서 느끼는 부정적 감정으로 속상해합니다.

이런 특성은 자해 청소년들이 지닌 기질적 측면의 영향도 있겠지만, 대부분은 어릴 때부터 감정을 잘 드러내지 못했던 경험이 축적됨으로써 부모의 양육태도와 가정의 분위기를 통해 형성되는 경우가 많습니다. 그리고 자라면서 경험한 친구 사이에서 상호 자율적인 관계를 잘 형성하지 못해, 소외에 대한 두려움을 느낀 나머지, 자신의 욕구와 감정을 감추는 태도가 학습된 것이기도 합니다.

이처럼 일부 청소년들은 마음속에 생기는 정서적 고통을 해결하지 못해 괴로울 때, 그것을 해결하는 방법으로 자신의 신체에 상처를 입히는 자해를 선택할 수 있습니다. 이는 자해를 통해 발생하는 신체적 고통이 심리적 고통을 대신하여, 힘든 감정이 해결되는 효과가 나타나기 때문이지요.

많은 학자들은 이와 관련해 자해를 유발하는 대표요인으로 긴장 이완을 꼽습니다. 즉, 청소년들이 부정적인 정서를 조절하기 위해 잘못된 대처방법으로 자신의 몸에 상처를 낼 수 있다는 것입니다. 심리적 고통이나 느낌을 말로 표현할 수 없을 때, 그 압도당하는 강렬한 감정을 표출하거나, 감정적 고통을 완화하기 위해 자신의 신체를 훼손하여 통증과 피를 찾는 현상이 바로 청소년들에게 나타나는 자해 행동입니다.

자해 청소년들은 화가 치밀 때 자해로 화를 가라앉히거나, 답답해서 견디기 어려울 때 자해하며 그 마음을 풀고, 불안해서 안절부절못할 때 자기 몸에 상처를 냄으로써 불안감을 진정시킵니다. 이런 경험이 반복되면서, 비슷한 상황이 닥치면 계속 자해를 찾게 되는 것입니다. 이들에게서 자해는 죽으려는 목적보다는 고통스러운 감정에 대한 기분전환과 질주하는 마음을 제어하려는 목적으로 자신의 신체에 직접 상처를 내는 것과 같습니다.

이처럼 청소년들의 자해행동은 고통스러운 정서와 밀접한 관련이 있으며, 부정적인 감정을 잘 드러내지 못해 그 감정을 조절하기 위한 수단으로 사용하는 것입니다. 그러므로 자해 청소년들이 건강하게 자해를 중단할 수 있도록 돕기 위해서는 그들의 부정적 정서에 초점을 맞출 필요가 있습니다. 견디기 힘든 감정을 다양한 방법으로 표출할 수 있도록 도와야 하는 것이지요.

자해를 중단한 청소년들은 충동이 생길 때마다 그것을 다른 방식으로 풀기 위해서 부단한 노력을 기울이는 것을 보게 됩니다. 자신의 감정을 문장으로 만들어 표현하거나, 스트레스가 생길 때 노래를 부르기도 하고, 그림을 그리거나 다른 일에 몰입하면서 자해하지 않으려고 무척 애쓰는 과정이 있지요. 그런데 무엇보다 중요한 것은 마음 속에 생기는 힘든 감정을 말로 표현해 풀어지는 경험을 직접 해보는 것으로, 상대방에게 화났을 때 그 감정을 말로 전달하고, 속상한 이야기를 드러냄으로써 후련해지는 경험들을 체득하는 것이 중요한 치료과제입니다.

우리 자녀들이 고통스러운 정서의 해결수단으로 더 이상 자해를 선택하지 않도록, 힘든 감정을 말로 표현할 수 있는 가족적 분위기를 마련하려는 노력이 필요할 것입니다.

존재적으로 지지받는 경험

"

"진짜 친구가 생긴 거… 그게 내 맘에 만족감을 줬어요. 친구들이 내 편이 돼 줘서, 자해하고 싶을 때 견딜 수 있었거든요. 친구들은 내가 자해했다고 비난하지도 않았고, 언제나 내 편이었기에 힘이 났던 거예요."

"그동안 아빠와 사이가 나빴는데, 아빠가 먼저 말 걸어주고, 따뜻하게 대해 주셨어요. 아빠가 점점 변하니까 내 마음도 편해졌어요."

청소년들이 자해하며 자신의 부정적인 정서를 조절하는 행동에는 여러 가지 동기가 있습니다. 벗어나기 어려운 환경의 압박에서 괴롭거나 친구와 갈등하며 혼자라는 외로움에 절망할 때, 마음속 고통을 견디는 방법으로 자해를 선택하게 됩니다. 또한, 청소년들은 스트레스가 가중되면서 스스로 감당하기 힘들어질 때, 해결할 수 없는 문제들 속에 압박받으며 자해를 선택하기도 합니다. 물론, 대부분의 청소년들은 스스로 혼란을 극복하면서 정상적인 발달을 이루어가지만, 당면한 어려움을 제대로 해결하지 못해 심리적 부적응을 경험하는 청소년들은 잘못된 대처방법인 자해에 깊이 빠져들 수 있습니다. 그리고 자해하며 신체적 아픔을 느낄 때, 고통스럽고 격렬한 감정이 일시적으로나마 안정되기 때문에 스트레스가 생길 때마다 자해를 반복하는 것입니다. 이처럼 자해 청소년들은 화가 치밀 때 자해하며 화를 가라앉히고, 마음이 불안하고 힘들 때 자해로 진정시키며, 가슴이 답답해서 괴로울 때 스스로 자해하며 그 답답한 마음을 풀어갑니다.

자해 청소년들이 "이제 이렇게 살 수는 없다.""자해를 끊어야겠다!" 라고 결심하며 중단을 향한 과정을 걸어갈 때, 성공한 친구들에게서 나타나는 공통현상이 있습니다. 물론, 자해충동이 생길 때마다 다른 대처방법을 활용하며 끈질기게 노력하거나, 마음속 이야기를 참지 않고 문장이나 언어로 표현하는 훈련의 시간이 필요하지만, 중독적으로 행해졌던 자해를 단숨에 끊어버리는 것은 그리 쉬운 일이 아닙니다. 하지만 여러 번 재발되는 가운데서도 끝까지 성공한 청소년들은 중단을 향한 강한 의지와 중단을 유지하려는 강력한 정서적 결단력이 뒤따를 때 자해중단이 가능해졌습니다.

성공적으로 자해를 중단한 청소년들은 친구나 가족, 그리고 타인으로부터 위로와 지지를 받음으로써 중단에 대한 의지가 강화되는 경힘을 합니다. 친구들로부터 비난당하지 않고 관심과 위로를 받는 경험은 자해중단에 대한 의지를 강화할 뿐 아니라, 중단을 유지하는 요인으로 작용합니다. 그리고 부모와 자녀 사이의 갈등이 심리적 고통의 원인이었던 친구들은 부모와 자녀 간 관계개선이 자해를 중단해야 한다는 강력한 동기로 작동하게 됩니다. 그 외에도 자신을 지지해주는 교사와의 만남이나 상담사의 일관적인 공감적 수용은 다시 자해로 돌아가려는 충동을 저지시키는 커다란 힘을 가져다줍니다. 이처럼 존재적으로 지지받는 경험은 잘못된 행동에 대한 변화의지를 강화시켜, 힘든 순간에도 견딜 수 있는 마음을 제공해주는 것입니다. 이는 자해로 찾았던 마음의 안정이 이제 치료적인 관계경험을 통해 심리적 안정을 찾게 되는 현상이지요. 좋은 대상과의 만남이 이토록 강력한 힘을 줄 수 있다면 최고의 안전한 대상이며 언제나 우리를 기다리시는 하나님을 만나는 것은, 고통의 순간에서도 이겨낼 수 있는 내적 의지를 경험하게 할 것입니다. 고통의 한 가운데 있는 우리 청소년들이 자신의 존재적인 가치를 발견할 수 있도록 주님과 만나는 치료적인 관계가 필요합니다.

청소년들이 자신의 신체를 소중한 것으로 여기지 않고 몸에 상처를 낸다는 것은, 하나님이 주신 거룩한 성전인 우리의 몸을 훼손시키는 것입니다. 자해행위는 우리를 귀한 걸작품으로 만들어주신 하나님이 보시기에 안타까운 일이 아닐 수 없습니다. 아이들이 자신은 하나님의 소중한 자녀이며, 예수님께서 대신 돌아가실 정도로 귀한 존재임을 깨닫게 될 때, 자신의 몸에 대한 진정한 가치를 발견할 수 있을 것입니다.

관계 맺을 대상이 없을 때 아이들은 불안해지고

홀로인 것 같은 공포에 빠져듭니다.

비단 아이들만 그럴까요?

우리도 혼자라는 외로움이 사무치면

불안과 절망을 경험합니다.

인간의 가장 큰 두려움은 유기공포니까요.

Part 9

혼자된다는 공포

혼자된다는 공포

,,

　쉬는 시간만 되면 책상에 엎드려 꼼짝하지 않는 아이들이 있습니다. 밤새도록 유투브를 보다가 늦게 잠든 아이들은 피곤하니까 쉬는 시간마다 쪽잠을 자는 것이 어쩌면 당연한 신체적 반응입니다. 그런데 일부러 자는 척하는 친구들이 있다는 것을 알게 됐습니다. 이들은 자는 것처럼 보이지만 사실 바깥의 소리에 아주 민감하게 귀 기울이고 있습니다.

　혜빈(가명)이는 친구관계가 서툴렀습니다. 어떻게 말을 걸어야 할지, 자기생각을 어떻게 표현해야 할지, 친구와 싸우기라도 하면 어떻게 대처해야 할지를 몰랐습니다. 이런 딸의 행동이 마음에 들지 않았던 엄마는 친구관계에 개입하기 시작했습니다. 마치 자신이 혜빈인 것처럼 단톡에 글을 올리기도 하고 친구의 말에 대신 반응도 해주었습니다. 톡 쏘아붙이는 글, 쿨 하게 받아주는 글, 친구를 지지하는 글, 버럭 화내는 글 아주 다양한 모습으로 가짜 혜빈이의 역할을 해왔던 겁니다.

그 결과는 어땠을까요? 친구들은 하나둘 떠나갔고 혜빈이의 엄마 의존도는 점점 높아졌습니다. 이제 학교생활에 지쳐 힘겨워진 혜빈이는 결국 쉬는 시간마다 엎드려 주변 친구들로부터 담쌓기를 선택했습니다.

"쟤 왕따야!", "나 왕따 당했어!", "야 왕따시키지 마!" 우리는 왕따라는 단어를 쉽게 사용합니다. 하지만 그 말은 그리 단순하지 않은 것 같습니다. 집단 안에서 따돌림당한다는 '왕따', 은근히 따돌리는 '은따', 어수룩하고 찌질한 아이를 일컫는 '찐따' 그뿐입니까? 공부충, 발표충, 문화충, 진지충 등, 눈에 거슬리는 친구들을 온갖 벌레로 만들어 이름을 붙여댑니다.

이런 학교 현장에서 친구관계로 힘들어하는 아이들은 저마다 다양하고 독특하기 때문에 상담자도 저마다 다른 방법으로 도와주어야 합니다. 관계기술을 가르치거나 대화법을 연습시키기도 하고, 힘든 정서를 보듬어주거나 감정을 표현할 수 있도록 연습시키기도 하며, 진로에 대한 포부를 향상시켜 목표를 바라보게 하거나 부모교육을 통해 개입하게 하는 등 그 접근법 또한 매우 다양합니다. 그런데 원인을 찾아가다 보면 과거 친구들과의 경험을 들여다보게 되고, 또 그것을 거슬러 부모와 자녀관계는 어땠는지, 엄마/아빠는 어떤 관계를 보여주었는지, 부부갈등은 어떤 방법으로 다루어졌는지, 그리고 부모는 각자 자신의 감정을 어떻게 표현하는지 등 결국은 아이들의 가정 속으로 들어가지 않을 수 없습니다.

대상관계론자 페어베언(Ronald Fairbairn)은 '사람의 기본적인 욕구는 대상을 추구하는 것'이라고 했습니다. 즉 다른 사람과 관계를 맺고자 하는 근원적인 욕구를 가지고 있다는 거지요. 관계 맺을 대상이 없을 때 아이들은 불안해지고 홀로되는 것 같은 공포에 빠져듭니다.

비단 아이들만 그럴까요? 우리도 혼자라는 외로움에 사무치면 불안과 절망을 경험합니다. 아무도 내 마음을 몰라주는 것 같을 때, 어디 하나 도움의 손길을 내밀 곳이 없을 때, 나의 힘으로는 이 절망의 숲을 도저히 헤쳐 나갈 수 없을 것 같을 때, 마치 혼자된 것 같은 고통으로 절규하게 됩니다. 그럴 때 우리는 '참 좋은 대상'을 만나야합니다. 혹시 그런 대상이 없습니까? 지금까지 우리 곁을 한 번도 떠나지 않으셨던 주님을 기억해보십시오. 그분은 우리의 걱정, 근심, 무거운 짐을 맡길 수 있는 '참 좋은 친구'입니다.

친구에게 맞추려고만 하는 아이들…

"

"선생님, 저는 친구들 말을 들어주지 않으면… 그 친구들이 다 떠나버릴 것만 같아요! 그래서 나는 싫거나 힘들어도 절대 말하지 못하고, 그저 애들이 하자는 대로 따라가는 거예요. 그런데 사실 제 마음은 너무나 불안하고 슬프거든요."

친구관계에서 어려움을 호소하는 아이들의 스트레스는 어른들이 상상하는 것 이상의 고통입니다. 그동안 잘 지내던 친구 사이가 멀어지거나 친구들 무리로부터 일방적으로 공격을 당할 경우, 아이들은 마치 세상을 잃어버린 것 같은 절망감과 깊은 슬픔에 빠져듭니다. 정상적인 친구관계라면 서로 사이가 좋을 때도 있고, 의견이 충돌하거나 상황을 오해하는 등 다양한 이유로 서로 갈등할 수 있습니다. 하지만 친구사이에서 갈등상황을 건강하게 해결하지 못하는 청소년들은 이런 관계의 어려움에 어떻게 대처할지 몰라 전전긍긍하며 괴로워합니다. 특히, 우리나라 여학생들은 초등학생 때부터 무리를 지어 서로의 친분을 확인하려하거나 위세를 드러내려하기 때문에, 어느 무리에도 끼지 못한 아이들은 학교에 다니는 것 자체가 큰 스트레스입니다.

상담실을 찾는 청소년들 중 많은 아이들이 친구관계의 어려움을 호소하고 있습니다. 이 친구문제는 비단 아이들만의 걱정거리가 아니라, 그들의 부모들도 상담을 요청하게 되는 높은 동기이기도 합니다. 그만큼 관계의 어려움이 청소년들이 경험하는 주요 스트레스 요인임을 알 수 있습니다. 그런데 엄밀히 살펴보면, 친구를 사귀는 데 있어서 친구의 수가 많고 적음은 각각의 성격유형에 따라 달라질 수 있는 것이기 때문에 큰 문제가 될 수 없습니다.

어떤 아이들은 소수의 친구와 내밀한 관계유지를 선호하는가 하면, 어떤 아이들은 많은 친구들 속에 있어야만 안정감을 유지하는 유형의 아이들도 있기 때문입니다. 그래서 우리 자녀가 그저 많은 친구들을 만들기 바라는 것은 자녀를 이해하지 못하는 잘못된 접근일 수 있습니다. 하지만 친구를 대할 때마다 일방적으로 따라주는 식의 대응을 하거나, 자기 입장이나 자신의 감정 등을 전혀 표현하지 못하는 태도와 양상은 대인관계의 어려움뿐 아니라, 부정정서를 건강하게 해결해야 한다는 측면에서 여러 문제가 초래될 수 있습니다.

소외를 두려워하는 사람들은 일반적으로 대인관계를 통해서 공포를 완화하려 합니다. 그래서 자기의 존재를 확인하기 위해 타인이라는 존재를 필요로 하는 것입니다. 청소년들 중 친구가 떠나버릴 것 같은 두려움 때문에 자신의 감정과 생각을 전혀 표현하지 못하는 경우는 이런 측면에서 이해해볼 수 있습니다.

이것은 혼자될 것 같은 두려움 때문에 자신을 스스로 소외시키는 현상입니다. 이들은 또한, 자신보다 뛰어난 다른 사람에게 삼켜지기도 하고, 반대로 자신이 타인을 삼킴으로써 고독한 무력감을 완화시키려고 노력하는 경우도 발견됩니다. 간단히 말해 소외불안으로 가득찬 사람은 필사적으로 타인과의 관계를 지속하기 위해 손을 내미는 것입니다.

친구와 친밀해지기 위해서는 적절한 배려와 양보가 필요합니다. 하지만 각자의 독립성이 훼손되지 않고, 자율성이 보장된 상황에서 관계의 친밀함이 유지되어야 합니다. 그래서 건강한 대인관계란, 서로의 친밀과 자율이 공존하는 '상호주관적인 만남'이 되어야 하는 것입니다. 혼자가 되어버릴 것 같은 두려움 때문에 타인에게 그저 맞추는 식의 태도를 유지하는 것은 오히려 친밀한 친구관계를 저해하는 요인임을 깨달아야 합니다.

내 편이 없어요!

아동학대로 신고되어 상담센터에 연계된 한 아이가 있었습니다. 부모님이 이혼하신 후 아빠와 함께 살던 아이는 어릴 때부터 폭력적인 부(父)의 언사와 행동에 벌벌 떨어야 했습니다. 조그만 일에도 지나치게 화를 내는 아빠에게 딸이 발끈하기라도 하면 무서운 폭력이 이어졌습니다.

이런 아버지의 행동을 자녀사랑으로 받아들이기엔 아이에게 너무 큰 상처입니다. 어느 날 죽일 것처럼 때리던 아빠에게서 도망치다가 결국 경찰에 신고 됐고, 아동학대 피해자가 된 아이는 그때부터 자신이 바래왔던 대로 엄마와 함께 살게 됐습니다. 그런데 이미 재가한 엄마는 딸과 함께 사는 것이 곤욕이었습니다. 폭력적인 전남편으로부터 떠나 따뜻한 가정을 꾸리고 싶었기에, 갑자기 나타난 딸의 존재가 탐탁지 않았던 것이죠. 게다가 이미 중학생으로 훌쩍 커버린 아이와의 소통이 힘들었고, 서로 부딪힐 때마다 딸의 폭력성까지 드러나면서 엄마와 딸 사이는 점점 더 금이 가고 말았습니다.

어머니는 상담실에 와서 연거푸 호소합니다. "얘를 어째야 할까요? 화가 나면 소리를 질러대고 막 덤벼드는데, 제가 아주 못살겠습니다. 같이 살 수가 없어요!" 난폭해진 아이 행동 때문에 힘든 엄마의 마음도 일면 이해되는 부분입니다.

아이를 만나보니 상당히 다부진 모습이었습니다. 그동안 폭력에 노출됐고, 부(父)나 모(母) 어느 누구에게도 받아들여지지 않았기에, 나름 생존하려고 난폭해진 아이가 안쓰러워 보일 정도였습니다.

저는 힘들게 살았을 이 아이의 마음을 들어주고 싶었습니다. "아빠와 엄마 집을 오가는 너의 마음이 참 힘들었겠구나. 아빠의 폭력때문에 힘들었을 당시의 상황을 좀 얘기해 줄 수 있겠니?" 이런 짧은 말 한마디에 공격성으로 무장해왔던 아이는 마음의 문을 열었습니다. 아빠에게 맞고 살아야 했던 공포감, 그리고 자신을 보호해 주지 않았던 엄마, 부모 모두에게서 버림받았다고 생각되는 배신감이 아이의 내면에 고스란히 깔려 있었습니다. 내편이 아무도 없었기에, 자기주장을 드러내기 위해 점점 난폭해졌던 겁니다.

이 아이의 분노가 해결되기 위해 얼마나 많은 시간이 걸려야 할지 알 수 없습니다. 이제 모녀의 소통을 위해 서로의 마음을 이해하고 또 기술을 배워가는 것이 앞으로 해야 할 과제일 겁니다. 다행스럽게도 어머니는 지금까지 겪어왔을 딸의 아픔과 분노감, 그리고 학습된 폭력성을 이해하려 애쓰고 계십니다. 어머니와 딸은 이제부터 더 잘 살기 위해 '심리적인 산소호흡'을 해야 합니다.

아이가 느끼는 가장 큰 공포는 바로 '유기공포'입니다. 그것은 모든 사람이 무의식적으로 느끼는 가장 큰 두려움일 것입니다. 버림받아 혼자가 될지 모른다는 공포감은 우리를 불안하게 만들고 다양한 형태의 문제를 일으킵니다. 혹시 격정의 감정을 드러내거나 매사에 불만이 많은 자녀가 있습니까? 방문을 걸어 잠그고 가족과 차단한 아들/딸이 여러분 곁에는 없습니까? "왜 그러니!"라고 비난하기 전에 먼저 다가가 그들의 마음을 알아주시기 바랍니다. 슬픈 건지, 화났는지, 외로운지, 아니면 무서운 건지… 아이의 세밀한 감정에 먼저 귀 기울여주시기 바랍니다. 그리고 그 다음 순서로 해결책을 위해 노력해야 할 것입니다. 혹자는 이렇게 말합니다. "애들을 다 받아줘야 합니까? 언제까지 기다립니까! 잘못된 건 가르쳐야지요!" 네! 성장하는 아이들에게 훈육은 반드시 필요합니다. 하지만 순서가 매우 중요합니다. 가장 우선순위는 그들의 마음을 알아주고, 그들의 감정에 다가가는 것입니다. 그리고 그 다음 순서가 훈육입니다.

방어적이고 폭력적인 아이들도 자신의 마음을 이해받을 때 심리적으로 숨을 쉴 수 있습니다. 마음을 수용해주면 비로소 전두엽이 열려 이성적인 사고가 가능해지는 것입니다. 훈육은 꼭 필요합니다. 하지만 그 순서를 꼭 기억하시기 바랍니다.

사소한 거절에도 버려짐의 공포를 느끼는 사람들

"

수업을 마친 후 한 학생이 저를 찾아왔습니다. "교수님 요즘 제 여자친구 행동 때문에 고민이 깊어집니다."라며 말을 꺼낸 학생은 그간 있었던 여러 일들을 들려주었습니다. 결혼까지 생각하는 연인이기에 학생의 고민이 더 깊었나 봅니다. 평소에 여친은 헤어지는 것을 아쉬워했고 자주 만나기를 바랬는데, 그런 행동은 그저 자기를 사랑하기 때문이라 생각하며 감사히 여겼다고 합니다. 하지만 언제부턴가 남자친구의 사소한 행동이나 시간을 매사에 확인하려 하고, 함께있어 주지 못할 때는 불안하다고 애원하며, 심지어 알바하는 시간마저도 기다려 주지 못하는 여친의 모습이 이젠 걱정될 정도라 했습니다. "혹시 제 애인이 집착하는 걸까요? 그렇다면 저는 어떻게 대응해야 할까요." 라며 구체적인 고민을 털어놓았습니다. 그리고 학생은 여전히 그녀를 사랑하고 있고, 또 끝까지 함께할 거라는 확신의 말도 들려주었습니다.

　사람들과 만나 여러 경험을 나누게 되는 대인관계, 특히 연인사이에서 우리는 종종 지나치게 상대에 의존하거나 집착하는 사람들을 만나곤 합니다. 만약 갈등이 발생할 때마다 연인들 사이에 어느 정도의 소통과 조절이 가능하다면, 그들은 시간이 갈수록 서로 신뢰를 쌓고 더 돈독한 사이가 될 수 있을 것입니다. 하지만 한 사람의 집착으로 인해 연인관계가 점점 파국으로 치닫게 된다면, 이는 그 집착이 고착화된 성격장애로 인한 특성일 가능성이 높습니다. 연인과 헤어질까봐 매 순간 불안해하는 사람들, 지나치게 의존해 상대를 부담스럽게 만드는 사람들, 연인에 대한 집착을 넘어 강한 애정표현과 심한 분노가 교차되어 나타나는 극단적인 사람들, 우리는 이들을 어떻게 이해하고, 또 어떻게 대해야 할까요? 과연, 이들은 그저 멀리하고 피하는 것이 상책인 사람들일까요?

　의존성 성격장애를 가진 사람들은 독립적인 생활을 어려워합니다. 그리고 다른 사람에게 지나치게 의존하거나 매사에 보호받으려는 행동이 특징적으로 나타나는 사람들입니다. 그리고 경계선 성격장애를 가진 사람들은 강렬한 애정표현과 분노가 교차되는 자들로서 불안과 충동이 생활 전반에 걸쳐 있는 사람들입니다. 그래서 이들과의 대인관계, 특히 연인관계는 결과적으로 순탄하지 못한 경우가 다반사입니다. 만약 연인사이에서 헤어질 것 같은 상황이 예상되기라도 하면, 어떤 이들은 조그만 거절도 심각하게 받아들여 자기를 버리는 거냐며 집착하고. 어떤 이들은 상대에게 실망과 분노를 표현하며 자살이나 자해 같은 극단적인 시도를 감행하기도 합니다. 이처럼 상대에게 병적으로 집착하는 사람들, 그리고 지나치게 의존하거나 타인을 이상화하는 사람들, 이들이 느끼는 가장 큰 공포는 바로 타인으로부터 '버림받는 자기'를 경험하는 것입니다. 그래서 늘 함께 있기를 바라고, 매사에 강한 확신을 얻기 위해 과도한 애정표현을 요구합니다.

생애 초기에 형성된 애착경험이 이후의 인간관계에도 영향을 미친다는 이론은 많은 학자들이 주장하는 바입니다. 특히, 관계에 집착하는 사람들은 자기의 가치를 다른 사람에게서 찾으려하기에, 남들이 자기를 소중하게 여기지 않을까봐 항상 두려워합니다. 문제의 시작은 성장기동안 경험했던 애착에 대한 상처지만, 그것을 해결하는 현재의 열쇠는 상처를 가진 당사자가 아니라, 건강한 대상에게 달려있다는 것을 알아야 합니다. 자신이 애착에 대한 상처가 있음을 인식하고, 건강한 연인을 통해 사랑에 대한 신뢰를 제공해 받아야 하는 것입니다. 무엇보다 중요한 것은 타인으로 말미암아 자기의 가치를 찾는 것이 아니라, 스스로 자신을 사랑할 수 있도록 그 관점을 돌리는 애정어린 치료가 필요합니다. 나 자신을 사랑하게 될 때, 건강한 연인관계가 회복될 수 있습니다.

그만하면…
충분한 엄마!

Part 10.
충분히 좋은 엄마

충분히 좋은 엄마 1

"

많은 부모들이 가장 힘들어하는 것 중 하나는 자신이 좋은 엄마가 아니라는 죄책감입니다. 유아를 돌보는 엄마들은 아기에게 영양가가 풍부한 이유식을 제대로 먹이지 못한 것 같아 미안하고, 또 좋은 유모차에 태우지 못했거나 많은 체험을 시켜주지 못해서 그리고 매사에 정성으로 돌보지 못한 것 같아 죄책감에 시달립니다.

어느새 훌쩍 커버린 아이들을 보며 더 좋은 교육의 장을 열어주지 못했고, 항상 따뜻하게 대하지 못했으며, 하고 싶은 거 마음껏 시켜주지 못한 것 같아 미안한 마음에 가슴 아파합니다. 그리고 다양한 생활사건에 시달리다 보면, 아이들에게 불필요하게 짜증내고 과하게 화냈던 일이 떠올라 잠들어 있는 아들/딸의 얼굴을 쓰다듬으며 눈물 흘리는 엄마들이 많지요. 맞벌이하는 직장맘들은 바쁘다는 핑계로 자녀를 돌보지 못하는 자신을 자책하며, 가혹한 엄마인 것 같아 가슴이 무너질 때가 한두 번이 아닙니다.

여러분은 어떤가요? 상담실에서 만난 많은 어머니들이 이러했고 저 또한 엄마로서 느꼈던 과거와 현재 모습입니다. 과연 어떤 엄마가 좋은 엄마일까요? 아니면 어떤 엄마가 나쁜 엄마일까요? 좋은 엄마가 되기 어렵다면, 우선 나쁜 엄마가 되지 않기 위해 노력하는 것이 필요합니다. 왜냐하면 진짜 나쁜 엄마를 경험하는 것은 한 아이의 성장과정과 그 아이의 미래뿐 아니라 성인된 자녀가 살아갈 그들의 가정에까지 치명적인 영향을 미치기 때문입니다. 매사에 폭력적이고 아이의 정서를 무시하는 아버지, 양육에 태만하여 아이를 방치하고 늘 우울한 어머니들이 있다면, 그들은 결국 자녀에게 나쁜 아빠, 나쁜 엄마입니다. 좋은 부모가 되기 위해 애쓰고 노력하기 전에 나쁜 부모가 되지 않도록 하지 말아야 할 것을 구분하는 것은 더 쉬운 접근일 수 있습니다.

수많은 연구와 문헌들이 청소년자녀의 파괴적인 행동은 어린 시절 자신의 부모를 통한 경험에서 비롯됨을 밝히고 있는 바, 나쁜 부모가 되지 않으려고 노력하는 것은 좋은 부모역할을 할 수 있는 바탕인 것이죠.

내 아이에게 잘해주지 못한 것 같아 마음 아파하는 엄마들은 대부분 '참 좋은 엄마'일 가능성이 높습니다. 자녀들은 우리 엄마가 훌륭하거나 위대하기를 바라지 않습니다. 그저 있는 그대로 바라봐주고 인정해주며 사랑해주는 것만으로도 '충분히 좋은 엄마'입니다. 자녀에게 좋은 엄마는 모든 것을 완벽하게 제공하는 엄마가 아니라, 아이가 사랑을 느낄 수 있는 정도의 엄마면 충분하다는 것입니다.

충분히 좋은 엄마 2

,,

"샤워실의 바보"라는 말을 아십니까? 성격이 급한 사람은 샤워할 때 물 온도를 맞추기 위해, 뜨거운 물을 틀었다가 깜짝 놀라 급하게 수도꼭지를 차가운 물 쪽으로 돌려 쏟아지는 찬물세례에 소스라치게 놀랍니다. 그러고는 다시 뜨거운 물을 틀었다가 다시 차가운 물을 틀어버리는 바보같은 행동을 하지요. 차근히 적정온도를 맞추지 못하고 바보처럼 냉탕과 온탕을 오가는 사람을 빗대어 "샤워실의 바보"라 부릅니다.

이는 노벨 경제학 수상자였던 밀턴 프리드먼 교수가 한 말로, 정부의 부적절한 시장개입의 역효과를 꼬집는 경제학 용어입니다. 하지만 "샤워실의 바보"라는 말은 마치 소신없이 흔들리는 엄마들이 자녀교육을 위해 이리저리 몰려다니는 교육현장을 빗대어 사용하기도 합니다. 유행이나 대세를 따라 자녀를 끌어 넣어버리는 식으로 무분별하게 냉탕과 온탕을 오가는 형국이지요. 샤워실의 바보같은 엄마들은 자신만의 철학이나 원칙이 없기에, 교육 태도가 일관적이지 못합니다. 그저 남들이 좋다는 것에 우르르 몰려다니다가 결국 상처입고 포기하는 경우가 허다하죠.

자녀를 잘 키운다는 것은 무엇일까요? 과연 어떤 엄마가 자녀를 잘 양육하는 부모일까요? 우리는 누구나 훌륭한 엄마가 되기를 희망합니다. 하지만 잘 모르기 때문에 실수하고 잘 키우고 싶어서 하는 행동이 오히려 자녀에게 상처만 남겨, 자신의 상처를 자녀에게 그대로 되물림 하는 결과를 낳습니다.

사랑하는 자녀에게 참 좋은 엄마가 되기 위해 우리는 노력해야 할 것입니다. 자녀는 성장하는 동안 주로 부모를 통해 환경에 적응하는 것을 학습하고, 부모와의 관계를 중심으로 자신의 역할을 인식하며, 부모의 생활양식과 행동양식을 모방함으로써 사회규범에 맞는 행동을 습득합니다. 그렇기 때문에 자녀에게 부모는 너무나 중요한 존재이며, 지적으로 신체적으로 그리고 영적으로 아이에게 거울과 같은 존재입니다.

good-enough mother, '충분히 좋은 엄마'라는 용어는 영국의 정신분석가이자 소아과 의사였던 위니컷(Donald Wood Winnicott)이 한 말로, 유아의 욕구에 부응하는 엄마역할을 설명하는 개념입니다. 그는 엄마와 자녀 사이 상호작용에 주안점을 두고, 유아와 초기 양육자가 경험하는 관계의 중요성을 강조한 대상심리이론가입니다.

위니컷은 아기가 자기(self)라는 개념을 형성하는 과정에 부모라는 환경이 매우 중요함을 강조했습니다. 부모라는 환경이 충분히 좋을 때, 유아의 성숙과정이 촉진된다고 했죠. 우리는 자녀에게 독이 되는 나쁜 엄마가 되기보다는 '참 좋은 엄마'가 되어야 합니다.

good-enough mother!

"

good-enough mother, "충분히 좋은 엄마"라는 말을 소개한 위니컷은 한 개인이 자기(self)를 형성하는 과정에 부모가 중요함을 강조했습니다. 그는 유아시절 경험했던 양육자와의 관계는 그 아이의 성장과정은 물론, 성인 이후의 삶뿐 아니라 새롭게 형성할 가정에까지 영향을 미치는 중요한 요인이라고 했습니다. 이런 측면에서 그가 가장 강조한 것은 '어머니의 돌봄'입니다.

사람은 누구나 자기 자신을 어떻게 생각하고 있는지 스스로 아는 것이 매우 중요합니다. 왜냐하면 자기인식이 건강할 때 타인을 바라보는 인식도 건강해질 수 있고, 타인과 건강한 대인관계를 형성할 수 있기 때문이죠. 그런데 자기에 대해 인식하는 첫 출발점이 아이러니하게도 스스로 노력해서 만들 수 있는 것이 아니라는 겁니다. 자기 자신에 대한 건강한 인식은 유아시절부터 경험한 부모와의 관계를 통해 출발하는 것으로, 어떤 부모를 경험했는지에 따라 자신에 대한 긍정적인 이미지 혹은 부정적인 이미지가 형성됩니다. 그리고 이런 자기개념은 다양한 성취경험을 통해 더욱 발전하게 됩니다.

엄마가 전달해주는 느낌과 이미지를 아기가 그대로 받아들임으로써 자신에 대한 긍정적이거나 부정적인 이미지를 갖게 되고, 나아가 세상을 향한 긍정 혹은 부정적인 인식에도 영향을 미칩니다. 이것이 바로 엄마가 주는 미러링(mirroring)의 효과이지요. 다시 말해 좋은 엄마를 경험함으로써 자신을 좋은 사람으로 인식하게 되고, 좋은 엄마를 경험함으로써 타인을 좋은 대상으로 경험하게 된다는 겁니다.

위니컷이 말하는 '충분히 좋은 엄마'는 유아시절 엄마가 아기에게 필요한 것이면 무엇이든지 넉넉히 제공해 주는 환경입니다. 특히, 엄마와 아이의 감정적 일치경험은 세상이 믿을만하다는 신뢰의 출발이기도 합니다. 엄마가 "안아주는 환경"을 제공함으로써 아기는 자기애적인 전능감을 느끼게 되고, 이런 경험이 결국 자율적이고 독립적인 존재의 성장으로 이어지는 것이죠.

우리는 모두 '충분히 좋은 엄마'가 되어야 합니다. 아기가 태어나 처음 만나는 부모로부터 무조건적으로 수용 받는 경험은 자신이 사랑받을만한 가치가 있음을 느끼게 하는 것이고, 세상은 믿을만하다는 신뢰감을 형성하는 것입니다.

믿음은 엄마가 아기에게 주는 사랑을 통해 싹을 틔웁니다. '내가 힘들 때 나를 사랑하는 엄마가 도와줄거야!'라는 느낌은 엄마에 대한 믿음인 것이죠. 이런 믿음은 하나님을 믿는 믿음에도 영향을 줍니다. 하나님을 믿는다는 것은 '하나님이 계신 것과 자기를 찾는 자들에게 상주시는 분이심을 믿는 것'입니다. 내가 힘들 때 하나님이 반드시 나를 도와주실 것이라는 믿음을 가지는 것이지요. 이는 엄마의 사랑 곧 엄마를 믿는 믿음에서 시작된다는 것을 알아야 합니다. 자녀는 엄마를 통해 자신은 사랑받을만한 가치가 있음을 느끼고, 엄마에 대한 믿음이 하나님에 대한 믿음으로 확장되는 것입니다.

엄마의 사랑은 하나님의 사랑을 경험하는 통로입니다. 그리고 잊지 말아야 할 것은, 우리는 생각보다 '충분히 좋은 엄마'라는 사실입니다. 사랑하는 자녀에게 필요한 것은 신과 같은 '완벽한 엄마'가 아니라, 하나님이 주신 자녀를 깊이 사랑하고 자애롭게 보듬어 주는 환경을 제공함으로써 주님의 사랑과 보호를 느끼게 해 주는 것만으로 '충분히 좋은 엄마'가 되는 것입니다. '충분히 좋은 엄마'는 사실, '그만하면 충분한 엄마'라는 뜻이지요. good-enough mother이 될 수 있도록 완벽한 부모이신 하나님께 더욱 지혜를 구합시다.

Bad-Object!

"

잘나가던 학원 원장님이셨다가 경영악화로 폐원하고 일반강사로 여러 학원을 옮겨 다니고 있는 중년의 한 남성이 있었습니다. 그는 강사로 일하는 학원들마다 이상하게 사람들과의 관계가 어려웠습니다. 특히 원장과 불화가 생기면 2개월을 채 넘기지 못하고 매번 다른 학원으로 옮겨야 했습니다. 그로인해 경제적으로 힘겨워졌고 부부갈등과 자녀와의 관계도 나빠지면서, 마음의 고통을 호소하며 상담실을 찾게 됐습니다. 물론 원장이라는 자리에 대한 상실감 때문에 자신의 힘든 상황을 모두 '자기의 무능력'으로 귀인하는 우울감을 엿볼 수 있었지만, 매번 타인과의 관계에서 갈등하는 내담자의 모습이 예사롭지 않았습니다. 내담자도 자신의 '대인관계에 문제가 있는 건 아닐까'를 고민하던 터라 자신에 대해 더 많을 것을 그리고 더 깊이 알고 싶다고 했습니다.

　이 중년의 남성은 출생과 동시에 생모와 떨어져야 했고, 다섯 살 즈음 지금의 어머니를 만났다고 합니다. 사실 이 어머니는 아버지의 본처였고 자신은 외도로 낳은 혼외아들이었습니다. 생모는 단 한 번도 만난 적 없었고 아버지의 본처인 어머니가 혼외아들을 길러준 거였죠. 초등 5학년이 됐을 때 이 모든 사실을 알게 됐다고 합니다. 당시 5학년이었던 어린아이가 감당하기엔 충격적인 사실이었죠. 어머니가 생모가 아님을 알고나니 그동안 자신을 혹독하게 대했던 모진 행동이 떠올라 길러준 어머니가 미워졌다고 했습니다. 그리고 자식을 매정하게 버린 생모도 원망스러웠을 뿐 아니라 무엇보다 자기 인생을 이토록 험악하게 만든 장본인인 아버지는 죽이고 싶을 정도로 미웠다고 했습니다.

　현재 중년이 된 이 남성은 80세가 넘은 노모에게 지금까지도 사랑을 갈구하는 듯합니다. 평소에 어머니에게 잘하는 것 같다가도, 조금 힘들어지면 갑자기 돌변해 어릴 적 상처를 파헤치며 폭발적인 화를 내곤 하거든요. 이 남성은 지금까지 살아오면서 사람들과 좋은 관계를 유지해본 경험이 거의 없었습니다. 좋게 출발하다가도 조금 틀어지면 상대방과 척을 지기 다반사였지요. 상대방을 나쁜 인간으로 내몰아 '인간 말종'으로 평가해버리기 일쑤였습니다. 상담실에서도 대부분의 이야기는 상대에 대한 비난이었습니다. 원장이 나쁜 사람이고, 교사들이 나쁘며, 그때 그 인간들이 완전 나쁜 놈이라는 식이었죠.

남성의 표면적인 감정은 대부분 타인에 대한 극심한 분노였습니다. 그런데 그의 속마음을 가만히 들여다보면 분노감정 안에 그동안 받아왔던 상처에 대한 슬픔과 고통이 숨어 있음을 알 수 있었습니다. 마음속 슬픔을 하나씩 거두어내니 마음 깊은 곳에는 어머니에게 애정을 갈구하는 '애착에 대한 정서'가 도사리고 있음을 발견할 수 있었습니다.

'애착'은 우리 인생에서 상당히 중요한 것입니다. 그래서 저는 이 '애착'이라는 용어에 '위대한'이라는 단어를 덧붙여 사용하는 것을 좋아합니다. 생애 초기에 아동이 주 양육자로부터 경험하는 '애착경험'은 유아의 정상적인 심리발달은 물론 한 인간의 성장과정 및 전 생애에 영향을 미치는 중요한 요인입니다. 유아시절 엄마와의 관계경험이 자신에 대한 이미지는 물론 타인에 대한 이미지를 형성하는데 많은 영향을 미치기 때문이지요.

아이는 엄마를 통해 자신이 어떤 사람인지, 또 세상은 살만한 곳인지 그렇지 않은지, 그리고 자신과 세상의 관계는 어떠한지를 알아갑니다. 나쁜 엄마를 지속적으로 경험한 아이는 자신과 타인을 나쁜 사람으로 인식하게 되지요. 나쁜 엄마(Bad Mom)는 나쁜 나(Bad Me)를 만들고, 나쁜 나(Bad Me)는 나쁜 대상(Bad Object)을 만들어가기 때문입니다.

당연히 친구도 잘 사귀고,

학교도 잘 다니면서

건강하게 자랄 줄 알았어요.

그런 건 정말 당연한 일인 줄만 알았거든요.

:
:

당연한 건 없습니다. 감사한 거지!

Part 11

당연한 건 없습니다.
감사한 거지!

당연한 건 없습니다. 감사한 거지!

"

고등학생 1학년인 정환(가명)이는 하루하루의 삶이 토할 것처럼 괴롭다며 상담실을 찾았습니다. 벌써 몇 군데의 상담실을 방문한 경험이 있고, 그런 시간이 힘든 자기 삶을 편안하게 만들어주지 못했기에, 이번에도 별 기대 없이 저희 센터를 방문했습니다.

정환이가 호소하는 문제는 다소 추상적이었습니다. '시간에 따라 변하고 순수성을 잃어가는 세상이 무척 힘들다.' '인간의 역사에 순리가 있는 것처럼 어떤 불변의 진리가 존재하는 것이 나를 괴롭혀 미칠 것 같다.'고 했습니다.

마치 뜬구름 잡는 공상같은 이야기를 쏟아놓았습니다. 그리고 상담사의 질문에는 나름의 논리로 반박하며 자기만의 세계를 펼쳐가는 독특한 아이였습니다. 하지만 정신증으로 판단할 수 있는 구체적인 증상은 발견되지 않았기에 우선 정환이의 이야기를 그대로 따라가 주었습니다. 처음에는 상담을 거부하는 태도였지만 자신의 마음을 공감하고 도와주려는 저의 진심을 알고부터 정환이의 모습은 달라지기 시작했습니다.

'시간에 따라 순수성을 잃어가는 세상이 힘들다'는 정환이의 말은, 사실 단짝이었던 친구가 예전처럼 가깝게 느껴지지 않아 괴롭다는 뜻이었습니다. '역사가 순리대로 흘러가는 진리 때문에 괴롭다'는 말은, 자신이 똑똑하거나 훌륭해 보이지 않아 실망스럽고 불안하다는 뜻이었습니다. 쉽게 말하면 정환이는 현재 친구가 없어서 무척 외롭고, 자신의 능력이 타인에 비해 부족해 보여 아주 불안한 상태였던 겁니다. 그리고 부모님을 실망시키지 말아야 한다는 지나친 신념 때문에 정환이는 내면의 무수한 갈등을 가족에게조차 전혀 드러내지 못하고 있었습니다.

정환이는 어린 시절에 부모님을 따라 미국에서 살았습니다. 그런데 다시 한국으로 돌아와 정착하는 과정에서 여러 번 이사해야 했고, 학교도 여러 번 옮겨 다녀야 했습니다. 이사와 전학이 반복되면서 친구들 무리에 잘 섞이지 못한 정환이는 친구들로부터 은근히 따돌림당하는 상처가 많았다고 합니다.

정환이는 친구를 붙잡고 싶은 마음에 무조건 맞추는 식의 패턴으로 친해지려 애써보았지만 번번이 실패하고 말았습니다. 나중에는 태도를 바꿔 친구들과 담을 쌓고 모든 관계를 단절해버렸다고 합니다.

늘 혼자였던 정환이는 시간이 갈수록 자기만의 고립된 세계로 빠져들었습니다. 그리고 고립된 시간이 길어질수록 복잡한 생각들에 몰입되어 걷잡을 수 없는 생각과 혼란스런 정서로 고통스러웠던 겁니다.

정환이 부모님은 아들의 이야기를 들으면서 안타까운 마음에 많은 눈물을 흘리셨습니다. 그리고 이런 말을 하셨습니다. "우리 아들도 남들처럼 평범하게 자랄 줄 알았죠. 당연히 친구도 잘 사귀고, 당연히 학교도 잘 다닐 줄 알았어요." "그런 건 정말 당연한 일인 줄만 알았거든요." "모두 다 그렇게 살잖아요."

여러분! 당연한 것은 없습니다. 우리 자녀가 건강하게 잘 자라는 것, 공부 잘하고 학교에 적응하며 친구를 잘 사귀는 것도, 아침에 나갔다가 오후에 돌아오고, 중학생이었던 아이가 어느새 고등학생이 되는 것도 당연한 일이 아닙니다. 정신과 육체가 건강하게 잘 자라는 것은 누구나 할 수 있는 당연한 일이 아닙니다. 그건 너무나 감사한 일인 거지요. 힘들지만 열심히 노력하는 자녀들이 매우 기특한 것이고, 맡겨진 과업을 성취해내는 것은 무척 훌륭한 일입니다. 그런 자녀의 인생을 세심하게 살피고 이끌어 주시는 하나님께 정말 감사해야 할 일이지요.

여러분! 당연하다고 생각하지 마십시오. 자녀의 삶에서 평범해 보이는 모든 것들은 사실, 기적 같은 일입니다. 하나님이 우리와 함께하시고 우리를 지켜 보호해주시는 것에 우리는 정말 감사해야 합니다. 당연한 것은 없습니다. 감사한 거지….

애착에 목숨 걸어라!

"아기가 태어났을 때 어떠셨나요?"

"어떤 상황에서 자녀를 양육하셨습니까?"

"당신의 어린 시절에 대해 듣고 싶습니다."

상담을 하다보면 자녀의 양육과정과 자신을 키워준 어머니에 대해 귀 기울이게 됩니다. 물론 우리의 대화는 내담자의 현 문제에 중점을 두지만 병리가 심한 내담자일수록 그들의 어린 시절은 중요하게 다루어집니다. 특히 만 3세 이전 주 양육자와의 관계경험이 한 사람의 성격과 정신병리에 상당한 영향을 미치기 때문이지요. 구체적으로 '애착'이라는 것은 우리 삶에 어떤 영향을 미치는 것일까요?

첫째, 애착은 대상관계에 영향을 미칩니다. 우리는 유아기 때 자신을 돌봐주던 엄마와의 관계를 바탕으로, 자신과 타인 및 관계방식에 대한 표상을 형성합니다. 그래서 다른 사람들을 대할 때 이런 내적표상이나 내적모델이 반복 작동하게 됩니다. 유아가 엄마와 안정된 애착을 형성하지 못하면 대상을 좋고 나쁜 것으로 분리시켜 엄마에 대한 통합된 상을 가지지 못하는데, 이것은 나아가 성인이 되어서도 타인에 대한 인식 및 관계패턴에 영향을 미칩니다.

대상관계론자 페어베언(Ronald Fairbairn)은 유아가 나쁜 엄마를 많이 경험할수록 그의 대인관계가 더욱 파괴적이게 된다고 했습니다. 엄마로부터 매사에 거절당한 유아는 그 경험이 너무 고통스럽기 때문에 자신의 자아구조로 통합시키지 못하고 나쁜 경험을 분리시켜 마음속에 내재화해 버립니다. 그런데 결핍시키는 엄마를 내재화한 자아는 현실 속의 어느 전치된 거절대상과 역동적인 심리관계를 맺게 되면, 그 대상을 교정하거나 파괴시키기 위해 모든 분노를 쏟아낸다고 했습니다. 그러므로 초기유아가 엄마와 전적으로 융합되는 공생경험이 그 어떤 시간보다 중요하다는 것을 알아야 합니다.

둘째, 애착은 자존감에 영향을 미칩니다. 자존감이란 자기 자신의 가치와 능력에 대한 평가입니다. 어린 시절 아이는 스스로 자기의 가치를 규정할 수 없습니다. 아기는 부모와의 관계를 통해, 특히 부모의 사랑을 내면화시키면서 자신이 사랑받을 가치 있는 존재임을 인식하게 되지요. 오로지 부모의 반응을 통해 자존감의 한 축이 형성되는 것입니다.

여기서 중요한 것이 바로 엄마의 미러링(mirroring)입니다. 미러링은 엄마가 아기의 모습에 마치 거울이 된 것처럼 그대로 비추어주는 것입니다. 예를 들어, 아기가 울면 엄마가 걱정하며 슬픈 표정을 짓고, 아기가 웃으면 함께 웃어주며 행복해하는 얼굴을 하는 등 아이의 다양한 모습에 따라 엄마가 민감하고 따뜻하게 반응해주는 모습입니다. 엄마의 미러링을 통해 아기는 자신이 사랑받을만한 가치 있는 존재임을 깨닫게 됩니다.

셋째, 애착은 중독에 영향을 미칩니다. 중독의 원인은 다양하기 때문에 어떤 일차원적 현상이라고 단정할 수는 없지만 보다 근원적인 측면에서 학자들은 중독을 애착장애라고 설명합니다. 애착관계를 안정적으로 형성하지 못한 사람들이 자신의 결여된 친밀감을 물질이나 행위로 대신하는 현상이 중독이라는 것이지요. 중독행위는 그들 내면을 갉아먹는 공허감이나 압도하는 내적 불편감을 잠시 잊게 해 줍니다. 어린 시절 경험한 엄마에 대한 결핍을 메우기 위해 '가짜 엄마'를 갈구하는 모습이지요. 즉, 중독은 엄마로부터 받지 못한 사랑의 결핍을 채우려는 몸부림입니다.

따뜻한 돌봄과 사랑

"

애착은 유아가 자신과 가장 가까운 사람에게서 느끼는 감정적 유대관계를 뜻합니다. 구강기 욕구를 충족시켜주는 대상과의 밀접한 관계를 의미하는 것으로 한 사람의 생애전반에 결정적인 영향을 미칩니다. 성공적인 애착경험은 자존감 형성의 기초를 마련할 뿐 아니라, 대인관계에 영향을 주며 다양한 부정정서를 조절할 수 있는 힘을 가져다줍니다.

안정적인 애착을 형성하기 위해 부모는 자녀에게 충분한 애정과 관심을 기울이는 동시에 아이가 고통을 느낄 때 적절히 위로하고 해소해주는 역할을 해야 합니다. 그런데 양육자로부터 애정을 충분히 받지 못했거나 학대 또는 방임되는 애착외상을 경험하면 여러 병리적인 증상들이 나타날 수 있지요. 대표적인 애착장애는 다른 사람과의 관계를 지나치게 두려워하거나 회피하는 현상과 누구에게나 부적절하게 친밀감을 표현하는 현상의 두 유형입니다. 모두 특정한 한 사람을 지속적으로 신뢰할 수 있는 기회를 갖지 못했을 때 보이는 것으로 부모나 타인을 과도하게 회피하거나 과도한 친밀감을 보여 가짜위안을 삼으려는 것입니다.

존 보울비(John Bowlby)는 애착은 어린 시절의 경험이지만 그 경험이 사춘기와 성년기를 거쳐 노년기에까지 지속된다고 했습니다. 그러므로 우리는 이 시기의 중요성을 결코 가벼이 여길 수 없는 것이지요. 이 중요한 애착은 구체적으로 어떻게 형성되는 걸까요? 애착을 잘 형성하기 위한 방법에 대해 살펴보겠습니다.

첫째는 민감성입니다. 양육자는 아기의 욕구를 민감하게 인식할 수 있어야 합니다. 엄마는 아기의 상태가 어떤지, 배가 고픈지, 불편한지, 기저귀 상태는 어떤지, 아기가 왜 우는지 등 아기의 상태를 세심하게 살펴야 합니다. 아기의 상태를 파악하는 엄마의 민감함이 선행되어야 잘 표현되지 못하는 아기의 욕구를 인식할 수 있기 때문이지요.

둘째는 반응성입니다. 양육자는 말과 표정 그리고 행동으로 아기의 욕구에 즉각적으로 반응해주어야 합니다. 말을 하지 못하는 아기들은 필요한 것이 있으면 울음으로 자기 의사를 표현합니다. 아기의 신호를 민감하게 살피는 엄마는 아기의 요구에 적절히 반응해주고 정서적으로도 잘 교감해줄 수 있습니다. 울면 따뜻하게 안아주고 달래

주며, 웃으면 함께 웃고 행복해하는 엄마의 정서적 반영과 다양한 욕구에 대한 충족을 통해 아기는 자신이 이해받고 사랑받는다는 느낌을 갖게 되지요.

셋째는 일관성입니다. 엄마의 기분에 따라 반응이 달라지는 것은 상당히 위험합니다. 양육자가 기분 좋을 때는 아기에게 관심을 주고 그렇지 않을 때 거부해버린다면 아기는 거절감을 느끼고 엄마에 대한 결핍감을 내재화합니다. 그리고 이런 경험은 자기불신으로 이어지고 말지요. 지속적으로 거절당했던 경험은 엄마가 위로해주지 않을 것이라는 불신을 만들어 불안정한 애착을 형성하게 됩니다.

이렇듯 엄마와 아기 사이의 애착경험은 상당히 실제적인 것입니다. 그런데 만약 엄마가 매우 우울한 상태라면 아기에게 민감하지도 못하고 반응할 수도 없으며 일관적이지도 않기에 아기에겐 나쁜 엄마일 수밖에 없습니다. 그러므로 양육자는 자신의 상태를 인식하고 정서적인 안정을 위해 스스로 돌볼 수 있어야 합니다.

엄마의 따뜻한 돌봄과 사랑은 엄마를 신뢰할 수 있게 만듭니다. 그리고 아이는 엄마에 대한 신뢰를 바탕으로 자신을 사랑할 수 있고, 세상을 향해 당당히 맞설 수 있는 것이죠. 애착은 엄마에 대한 신뢰로 출발하는 것이며, 그 신뢰는 나아가 자신과 타인에 대한 신뢰로 확장된답니다.

끊을 수 없는 하나님의 사랑
하나님과 애착을 형성하라!

"

'청소년 마음 들여다보기'라는 시리즈의 마지막이 다가왔습니다. 그동안 청소년을 어떻게 이해해야 할지 함께 고민하면서, 그들에게서 보이는 특징적인 사고와 정서, 행동, 심리 등을 다방면으로 살펴보았습니다. 이론적인 부분은 물론, 상담현장에서 두드러지는 사례를 중심으로 현재를 살아가는 청소년들이 어떤 고통을 호소하고 있는지 그들의 마음을 들여다보기 위해 노력했습니다.

해를 더해갈수록 심각해지는 청소년들의 문제행동, 그리고 정신병리로 치닫고 있는 상처 입은 아이들의 모습을 볼 때, 이 시대를 살아가는 보화와 같은 청소년들이 건강하게 성장하는 것이 얼마나 중요한지 매일매일 실감합니다. 그러기에 하나님이 맡겨 주신 자녀를 양육할 때, 부모역할의 중요성을 강조하지 않을 수 없습니다.

'아이는 부모를 통해 자기를 경험합니다.' 그리고 타인과의 관계는 물론 하나님의 이미지, 즉 하나님을 향한 믿음에도 부모의 존재는 매우 중요합니다. 그렇기에 자녀를 '잘 양육한다는 것'은 그야말로 자녀가 주님을 알고, 주님을 느끼며, 주님을 신뢰하게 만드는 '전도의 행위'라고 말할 수 있지요.

자신과 타인을 파괴하는 병리적인 사람일수록, 그 문제의 시작점이 유아 시절에서 발견되는 경우가 많습니다. 세상에 태어나 처음 만나는 양육자를 통해, 자신이 얼마나 가치로운 사람인지, 그리고 타인은 얼마나 신뢰할만한 존재인지, 하나님은 어떤 분인지에 대한 마음의 표상을 지니게 되니까요.

생애초기에 경험하는 '충분히 좋은 엄마'라는 환경은 하나님의 위대한 사랑을 맛보게 하는 출발점입니다. 그런 측면에서 모성애와 부성애는 하나님이 우리에게 심어주신 사랑의 씨앗이라고 생각합니다.

수많은 서적이나 방송과 교육 현장에서 동일하게 들려주는 것은, 문제 부모에게서 문제 자녀가 나오고, 건강한 부모에게서 건강한 자녀가 양성된다는 것입니다. 사실, 부모들은 나름대로 최선을 다하지만 잘못된 자녀의 행위에 대해 부모를 혼내고 나무라는 경우가 다반사입니다. 하지만 문제 부모에게서도 건강한 자녀가 나올 수 있고, 아무리 건강한 부모라 할지라도 심각한 문제에 빠진 자녀가 양성될 수 있다는 것은 간과하지 말아야 할 사실입니다. 이는 우리 힘만으로는 자녀를 잘 키워낼 수 없음을 깨닫게 합니다.

하나님은 당신의 자녀를 부모 품에 안겨 주었지만, 부모가 자녀의 모든 것을 책임져줄 수 없으며, 완벽하게 양육할 수도 없습니다. 완전한 치료자는 하나님 한 분이신 것처럼, 자녀를 양육하는 것 또한 주님의 도우심이 필요하기 때문입니다.

심각한 애착외상을 경험한 사람들, 성격장애자 혹은 신경증을 넘어 정신증을 겪는 사람들, 우리 주변에는 많은 사람들이 고통 속에서 살고 있습니다. 특히, 애착 결핍으로 상처가 깊은 사람들은 자신도 모르는 사이에 자기와 타인을 괴롭게 만듭니다. 비록 엄마의 사랑은 부족하거나 왜곡될 수 있을지라도 우리를 향한 하나님의 사랑은 그 어떤 것도 끊을 수 없는 충분한 사랑입니다. 그 누가 하나님과의 사랑에서 우리를 끊어낼 수 있을까요.

상처입은 자들이여! 하나님의 사랑으로 새로운 애착을 경험하시기 바랍니다. 우리 삶의 중요한 타자는 '부모'였지만, 우리 인생을 통틀어 궁극적 타자는 참부모이신 '하나님'입니다.

긍휼과 긍휼

"

2년 가까이 연재한 글이 어느덧 마무리됐습니다. '52주간의 의미 있는 여행'이 되길 바라며 여러분의 마음을 두드렸는데, 생각보다 길어진 여정은 100주간이 훨씬 넘는 긴 시간이었습니다. 이 여행을 마무리하면서 그동안 글을 쓰며 느꼈던 행복감과 불안감, 때로는 속 시원함과 미안함, 그리고 아쉬운 마음까지 다양한 감정들이 스쳐 지나갑니다. 무엇보다 감사한 것은 이 글을 잘 마무리할 수 있었다는 것이며, 특히 다음 세대를 위한 소중한 작업에 동참할 수 있었다는 것은 잊지 못할 하나님의 은혜였습니다.

부모! 라는 단어는 참 많은 생각을 하게 합니다. 자녀를 얻은 기쁨, 부모라는 책임감, 자녀와 부모 사이의 사랑과 상처들, 그 단어 속에는 많은 이야기가 담겨있습니다. 이 글을 통해 그동안 자녀와 함께

했던 기억을 떠올리며, 부모로서의 자신을 오롯이 느껴보는 시간이 되길 간절히 원했습니다.

하나님께서 이 땅의 부모를 통해 생명을 탄생시키는 것은 세상을 향한 주님의 열망이 있다고 생각합니다. 부모가 자녀를 양육해 그 자녀가 건강한 성인이 되고, 성인이 된 자녀가 다시 생명을 탄생함으로써 부모가 됩니다. 그러기에 세상에 태어나 처음 만나는 부모와의 경험은 곧 자신을 느끼는 것이고, 나아가 우리를 창조하신 하나님의 사랑을 맛보게 하는 표상입니다.

청소년기는 깨지지 말아야 할 얼음판처럼 그저 조용히 지나가야 하거나, 빨리 치료해야 할 나쁜 병이 아닙니다. 이때는 한없이 귀엽고 연약했던 아이가 이제 성인이 되기 위해 변화하는 과정으로 하나님이 마련해 주신 '아름다운 선물'임을 고백해야 합니다. 사랑하는 자녀가 성장해 건강한 어른이 될 수 있도록 하나님께서 준비해 두신 '아름다운 때'가 바로 청소년기입니다. 성장과 변화라는 달콤한 열매를 수확하기 위해 뒤따르는 고통의 터널을 통과하고 나면, 아이들은 어느새 마광된 화살처럼 반짝반짝 빛날 것입니다.

'긍휼'이라는 단어는 '불쌍히 여겨 돌보아 줌'이라는 뜻입니다. 예레미야는 이 긍휼에 대해 '하나님의 인자와 긍휼이 무궁하시기 때문에 우리가 진멸되지 않는다.'고 했습니다. 우리는 하나님의 긍휼 없이는 한순간도 살 수 없는 존재입니다. 일상을 살아가는 것, 먹고 자고 눕는 것, 더 나은 미래를 꿈꾸며 성취하는 삶, 그리고 자녀가 성장하는 모습, 이 모든 것은 우리 삶에 당연한 것이 아닙니다. 그것은 하나님의 은혜이며, 주님의 긍휼이 있기에 가능한 것이지요.

"여인이 어찌 그 젖 먹는 자식을 잊겠으며 자기 태에서 난 아들을 긍휼히 여기지 않겠느냐 그들은 혹시 잊을지라도 나는 너를 잊지 아니할 것이라"(이사야 49:15).

주님으로부터 무한한 긍휼을 받은 우리 부모들은 우리 자녀를 더욱 긍휼히 여겨야 합니다. 하나님의 긍휼! 그리고 부모의 긍휼! 부모가 긍휼히 여기는 마음으로 자녀를 사랑하고 최선을 다해 훈육하는 것은 우리를 끝없이 사랑하고 단련하시는 하나님을 경험하게 하는 것입니다. 엄마의 긍휼은 곧 하나님의 긍휼을 맛보게 하는 통로입니다. 그동안 '청소년 마음 들여다보기'와 함께한 여러분과 주님께 마음 깊이 감사드립니다.

Epilogue

세상에 태어나 가장 먼저 만나는 존재, 부모!
부모와의 관계경험은 자신을 느끼고 경험하는 것입니다.
그리고, 부모와의 경험은 하나님의 사랑을 맛보는 표상입니다.

'좋은 엄마'는 '좋은 나'를 만들고
그 '좋은 나'는 '좋은 사람들'을 느끼게 합니다.
좋은 엄마를 경험하는 것은
내가 사랑받을만한 가치가 있음을 알게 하고
좋은 엄마의 따뜻한 사랑은
하나님의 무한한 사랑을 깨닫게 합니다.

부모님께 받은 상처가 고통이 된 사람들은
그 상처를 치료하기 위해 부모의 잘못을 지적하려 들지만
그것은 사실 고통의 해결책이 아닙니다.

부모님도 나처럼 고통받은 자녀였음을 알게 될 때
부모님이 나를 위해 최선을 다했음을 깨닫게 될 때
부모님의 진정한 사랑을 지금이라도 느끼게 될 때
상처받은 고통에서 벗어날 수 있습니다.

사랑하는 자녀를 위해 최선을 다하는 부모가 되십시오.
그리고 자녀를 위해 모든 것을 하려하지말고
용기 내어 세상으로 보내는 부모가 되십시오.
우리는 완벽하지 않지만
완벽한 부모이며 완벽한 치료자이신 하나님께서
우리 자녀와 함께해 주십니다.

청소년 마음 들여다보기
아이들의 치료와 성장을 돕는 법

2025년 2월 28일 초판 1쇄 발행

지은이 신수정
발행인 최정기
기획책임 박진필
디자인 조은희
표지 일러스트 김솔
마케팅 최성욱
마케팅 지원 박수진
펴낸곳 고신언론사
주소 서울시 서초구 고무래로 10-5(반포동) 고신총회 고신언론사
전화 02-592-0981, 02-592-0985(FAX)
ISBN 979-11-94316-01-5